全国出版专业职业资格考试辅导用书

# 出版专业基础
# （中级）辅导训练

主编 叶新

中国人事出版社

中国劳动社会保障出版社

**图书在版编目(CIP)数据**

出版专业基础（中级）辅导训练/叶新主编. —北京：中国人事出版社：中国劳动社会保障出版社，2015

全国出版专业职业资格考试辅导用书

ISBN 978-7-5129-0962-5

Ⅰ.①出… Ⅱ.①叶… Ⅲ.①出版工作-资格考试-自学参考资料 Ⅳ.①G23

中国版本图书馆 CIP 数据核字（2015）第 199904 号

---

中国人事出版社
中国劳动社会保障出版社　出版发行

（北京市惠新东街 1 号　邮政编码：100029）

\*

保定市中画美凯印刷有限公司印刷装订　新华书店经销

880 毫米×1230 毫米　32 开本　8.25 印张　194 千字

2015 年 8 月第 1 版　2020 年 3 月第 6 次印刷

**定价：32.00 元**

读者服务部电话：（010）64929211/64921644/84626437

营销部电话：（010）64961894

出版社网址：http://www.class.com.cn

版权专有　　侵权必究

如有印装差错，请与本社联系调换：（010）50948791

我社将与版权执法机关配合，大力打击盗印、销售和使用盗版图书活动，敬请广大读者协助举报，经查实将给予举报者奖励。

举报电话：（010）64954652

# 前　言

目前，我国出版业基本完成转企改制，传统出版转型步伐加快，数字出版发展势头迅猛，出版从业人员面临着巨大的市场挑战和冲击，工作压力与日俱增。同时，国家自 2001 年起实行出版专业职业资格制度，初级和中级实行全国统一考试管理。这对出版专业技术人员提出了较高的要求。

出版专业职业资格考试的考查范围十分广泛，考试要求和考试内容不断调整、修订，涉及编辑出版的各项业务流程、工艺要求、相关基础知识和法律法规等方方面面的内容。这就要求广大考生科学制订复习计划，切实掌握考点知识，并辅之以有针对性的强化训练，以提高复习效率。然而，很多考生限于专业、岗位和工种的差异，在短期内对编辑出版专业知识的了解和掌握还不够深刻、全面，所以不能一次性通过考试。

为方便考生备考，笔者在总结丰富的出版专业职业资格考试辅导教学经验的基础上，在新闻出版总署教育培训中心的组织和指导下，经中国人事出版社、中国劳动社会保障出版社策划，推出了这套"出版专业职业资格考试辅导用书"，包括以下五本：

1. 《出版专业基础与实务（初级）辅导训练》（王京山、叶新）

2. 《出版专业基础（中级）辅导训练》（叶新）

3. 《出版专业实务（中级）辅导训练》（王京山）

4. 《出版专业职业资格考试案例精编》（叶新）

5. 《出版专业职业资格考试（中级）题库汇编》（叶新、陈思淇）

总结起来，这套辅导用书有以下特点：

**一、结构合理，编排简洁**

前3本书［《出版专业基础与实务（初级）辅导训练》《出版专业基础（中级）辅导训练》《出版专业实务（中级）辅导训练》］采取分章分考点解析的方式进行编排。即在每章开始之前，列举本章的基本要求、考试内容，使考生对本章的考试要求及内容有个清晰的认识，纲举目张，然后列出考点的基本知识和对应的试题。

《出版专业职业资格考试案例精编》精选部分出版专业职业资格考试真题案例和笔者多年积累的案例，并辅之以简明、扼要的答案要点，分初级和中级按年度进行编排，有利于考生理解出题思路，达到举一反三的复习效果。

《出版专业职业资格考试（中级）题库汇编》将历年中级考试真题中的选择题按章节和知识点顺序排列，并剔除与2015年版教材内容不相符的题目。这些真题可能在历年考试中反复出现，考生由此掌握考试出题思路，以此检验学习效果。

**二、内容精练，针对性强**

前三本书中，每个考点设置三部分内容：一是"考点解析"，按掌握、熟悉、了解三个层级高度概括各考点内容，并采用图表的方式加以呈现，比较直观，易于理解。二是"典型例题"，精选近年真题中关于本考点的选择题，按年份编排，有助于考生将历年真题和考试内容相对照，提高复习的针对性。三是"模拟练习"，针对本考点的内容设计相应的模拟题，有利于考生检验学习效果。

《出版专业职业资格考试案例精编》则重点针对每年失分

较多的客观题，精选案例，尤其是有关著作权知识、出版行政管理、出版法规、期刊出版方面的热点案例，帮助考生掌握解题要点。

《出版专业职业资格考试（中级）题库汇编》的编排方式有助于考生在短期内对复习中的薄弱环节进行强化训练，提高了复习的针对性，有助于考生在短期内迅速提升学习效果。

### 三、简明实用，轻松备考

我们编写这套辅导用书的初衷就是将考生从繁杂的复习资料中解脱出来，帮助考生轻松备战。因此，简明实用、轻松备考就成为本套用书不断追求的终极目标。无论是初级考生还是中级考生，只要集中复习两三本辅导用书就可以达到考试的基本要求，只是在必要时才查看考点对应的教材具体内容，从而大大节约复习时间，迅速提高复习效率。

当然，这五本书不可能一劳永逸地解决考生应考的所有问题，笔者只是希望能够借此尽可能节约考生的复习时间，改善复习效果，提高考试通过率。但由于编写时间较短，水平有限，错漏之处在所难免，希望广大考生能够及时指出（敬请发送到 rsksts@163.com），以便以后再版时加以修正，不胜感激！

在本套辅导用书的编写过程中，北京印刷学院的陈思淇、贾璐、王文敏、彭柳、徐霖杰、张紫璇、柳鑫苗、李多、殷明姝、林曦、冯玲玲、孟祥兆、龙雷、杨冰冰、杜建华、付丛溪、李娜、周赛男、梁雨濛做了大量的资料收集和整理工作，在此一并表示感谢！

叶新　王京山<br>2015 年 7 月

# 目 录

第一章　出版概论 …………………………………… 1
第二章　编辑概论 …………………………………… 28
第三章　出版历史知识 ……………………………… 43
第四章　出版行政管理 ……………………………… 72
第五章　出版社经营管理 …………………………… 109
第六章　出版物市场 ………………………………… 132
第七章　数字出版技术 ……………………………… 155
第八章　著作权知识 ………………………………… 168
第九章　有关出版的法律法规 ……………………… 210

# 第一章 出版概论

## 基本要求

考点一：掌握"出版"的概念、构成要素和前提。
考点二：熟悉出版活动与社会的关系。
考点三：掌握我国出版工作的指导思想、方针原则和主要任务。
考点四：掌握出版物的要素和特殊性。
考点五：熟悉从各种角度所做的出版物分类。
考点六：了解出版资源的概念和特点。
考点七：掌握关于出版信息资源开发、利用和维护的知识。
考点八：熟悉我国出版业的特点和构成。
考点九：了解我国出版体制改革的主要任务。
考点十：熟悉我国出版业发展的主要任务。
考点十一：了解我国台湾地区和香港、澳门特别行政区的出版业概况。
考点十二：了解美、英、法、德、日等国的出版业概况。
考点十三：了解出版学的学科性质、研究对象和开展出版学研究的意义。
考点十四：熟悉出版学的学科内容及其相关学科。
考点十五：了解中外出版学研究和学科建设概况。

## 考试内容

1. "出版"的概念、构成要素和前提。

2. 出版活动与社会的关系。
3. 我国出版工作的指导思想、方针原则和主要任务。
4. 出版物的要素、特殊性和从各种角度所做的分类。
5. 出版资源的概念和特点。
6. 出版信息资源开发、利用和维护。
7. 我国出版业的特点和构成。
8. 我国出版体制改革和出版业发展的主要任务。
9. 我国台湾地区和香港、澳门特别行政区的出版业概况。
10. 美、英、法、德、日等国的出版业概况。
11. 出版学的基本知识和中外出版学研究及其学科建设概况。

## 考点一："出版"的概念、构成要素和前提（掌握）

**考点解析**

表1—1　　出版活动的概念、构成要素和前提

| 类别 | 内容 |
| --- | --- |
| 概念 | 出版是指编辑、复制作品并向公众发行的活动 |
| 构成要素 | 出版活动由编辑、复制、发行三个要素构成 |
| 前提 | 出版活动必备前提——作品，是指"文学、艺术和科学领域内具有独创性并能以某种有形形式复制的智力成果" |

**典型例题**

1. 出版活动的构成要素是（　　）。
A. 作者、编者、读者

B. 策划、审读、编辑加工
C. 编辑、复制、发行
D. 编辑加工、整体设计、校对

【答案】C

【提示】本题考查出版活动的构成要素。

2. 不能用于出版的作品是（　　）。
A. 设计图稿
B. 舞蹈录像
C. 建筑模型
D. 说唱录音

【答案】C

【提示】本题考查出版活动的前提。作品是出版的前提，但是并非所有作品都能出版，如建筑作品、模型作品。

3. 下列行为中，属于合法出版活动的是（　　）。
A. 编辑张某把自己的作品印了5 000册，以每册20元的价格卖出
B. 某部门编印了一套职业资格考试用书，向社会征订发行
C. 某大学学报编辑部在学报上刊发了大学生小陈的一篇论文
D. 公司职员郭某从香港购得《天上地下》一书，非常喜欢，将其交某印刷厂排版印刷50册，分送亲友

【答案】C

【提示】本题考查出版活动的构成要素。

4. 下列行为中属于合法出版活动的有（　　）。
A. 大学生小陈把自己的日记交给某出版社出版，该日记出版后，成了畅销书
B. 大学教授李某在自己的博客上发表了《物价涨跌原理》一文
C. 编辑张某把自己的作品印了5 000册，以每册20元的价格卖出
D. 公司职员郭某从香港购得《天上地下》一书，非常喜

欢，将其交某印刷厂排版印刷 500 册，分送亲友

【答案】A

【提示】本题考查出版活动的构成要素。

## 模拟练习

出版活动的前提是"作品"，"作品"是指（　　）。

A．文字作品等

B．所有具有独创性并能以某种有形形式复制的智力成果

C．作者投寄的稿件

D．可以转化为出版物的作品

【提示】本题考查出版活动的前提。

【答案】B

## 考点二：出版活动与社会的关系（熟悉）

### 考点解析

表1—2　　社会发展对出版活动的决定性影响

| 影响 | 具体内容 |
| --- | --- |
| 政治制度和政治环境决定出版活动的命运 | ①政治制度开明，政治环境宽松，出版活动就活跃、兴旺<br>②政治制度专制，政治环境恶劣，出版活动就凋敝、衰落 |
| 社会经济的发展为出版活动提供物质条件 | 出版物属于发展资料，某些较特殊的出版物则兼属享受资料 |
| 科学技术是出版活动发展的强大推动力 | 影响出版活动的发展，促成技术改进 |
| 社会文化的发展为出版活动提供活力 | 历史文化积淀和现实文化需求形成合力 |

表1—3　　出版活动对社会发展的能动作用

| 能动作用 | 具体内容 |
|---|---|
| 对政治发展的影响 | ①引导社会舆论<br>②培育思想信念 |
| 对经济发展的影响 | ①提高劳动力素质，促进社会生产力发展<br>②促进人们更新经济理念，推进经济发展<br>③传递各种社会信息，加快经济的发展速度 |
| 对科学技术发展的影响 | 传播科学技术 |
| 对文化发展的影响 | ①增进文化积累<br>②推进文化创新<br>③优化文化选择<br>④促进文化交流 |

 典型例题

1. 下列有关社会发展对出版活动影响的表述中，错误的是（　　）。

A．科学技术是出版活动发展的强大推动力

B．社会文化的发展为出版活动提供活力

C．政治制度和政治环境决定出版活动的命运

D．社会经济的发展将使出版活动的作用逐渐缩小

【答案】D

【提示】本题考查社会发展对出版活动的决定性影响。

2. 出版活动对文化发展的影响表现为（　　）。

A．增进文化积累　　　B．促进文化选择

C．推进文化创新　　　D．优化文化选择

E．加强文化领导

【答案】ACD

【提示】本题考查出版活动对社会发展的能动作用。

3. 下列关于出版活动与社会经济的关系的说法中，正确的有（　　）。

A. 只有当社会经济发展到一定程度时，才会产生出版活动，因为出版物都属于发展资料

B. 只有当社会经济充分发展时，才会造就巨大的出版物市场

C. 出版能提高劳动力素质，更新经济理念，传递经济信息

D. 出版是宏观经济调控的重要杠杆之一

E. 出版的繁荣能推进经济的发展

【答案】BCE

【提示】本题考查社会发展对出版活动的决定性影响。A项错在出版物一般情况下属于发展资料，某些特殊的出版物则兼属享受资料。

4. 关于出版与文化的关系，下列表述中正确的是（　　）。

A. 社会文化的发展程度和国民的文化素质状况是出版物总体质量水平的决定因素

B. 出版是文化发展的源泉

C. 出版能促进文化交流

D. 出版能增进文化积累，推进文化创新

E. 出版是文化的精神力量，文化是出版的物质力量

【答案】ACD

【提示】本题考查出版活动与社会的关系。

## 模拟练习

1. 出版活动对政治发展的影响表现在（　　）。

A. 引导社会舆论　　B. 培育思想信念

C. 提高国民文化素质　　D. 促进社会和谐

E. 促进文化发展

【提示】本题考查出版活动对社会发展的能动作用。

2. 下列关于社会发展对出版活动决定性影响的说法中，正确的有（　　）。
A．政治制度和政治环境决定出版活动的命运
B．社会经济的发展为出版活动提供物质条件
C．国家控制对出版活动的发展有重要调节作用
D．科学技术是出版活动发展的强大推动力
E．社会文化的发展为出版活动提供活力
【提示】本题考查社会发展对出版活动的决定性影响。
【答案】1．AB　2．ABDE

## 考点三：我国出版工作的指导思想、方针原则和主要任务（掌握）

 考点解析

表1—4　我国出版工作的指导思想、方针原则和主要任务

| | |
|---|---|
| 指导思想 | 高举中国特色社会主义伟大旗帜，以马克思列宁主义、毛泽东思想、邓小平理论、"三个代表"重要思想和科学发展观为指导，深入贯彻习近平总书记系列重要讲话精神，传播和积累有益于提高民族素质、有益于经济发展和社会进步的科学技术、文化知识，弘扬民族优秀文化，促进国际文化交流，丰富和提高人民的精神生活 |
| 方针原则 | ①为人民服务、为社会主义服务<br>②百花齐放、百家争鸣<br>③古为今用、洋为中用<br>④弘扬主旋律、提倡多样化<br>⑤将社会效益放在首位，实现社会效益与经济效益相结合<br>⑥坚持质量第一<br>⑦坚持走改革创新之路 |

续表

| 主要任务 | ①建设社会主义核心价值体系<br>②传播和积累科学文化知识<br>③弘扬中华文化<br>④促进国际文化交流<br>⑤满足和提高人民的精神文化生活 |
| --- | --- |

### 典型例题

1. 我国出版事业必须坚持（　　）的方向。

    A．让读者的任何需求都能得到满足

    B．为人民服务、为社会主义服务

    C．让各种作品都能自由出版

    D．强化出版物的特殊性，对社会做出更大的贡献

    【答案】B

    【提示】本题考查出版工作的方针原则。

2. 对"百花齐放、百家争鸣"方针的正确理解应是（　　）等。

    A．强调作者"文责自负"，让各种各样的作品都能自由出版

    B．在科学上提倡不同观点和学派的自由争论

    C．在艺术上提倡不同形式和风格的自由发展

    D．一切文化艺术都可以不受批评地自由发展

    E．编辑人员可以自己的爱好和观点为标准取舍稿件

    【答案】BC

    【提示】本题考查对出版工作的方针原则中"双百"方针的理解。

3. 我国出版工作的方针原则之一是（　　）。

    A．实现现代化、产业化和企业化

    B．为人民服务、为社会主义服务

    C．从事业单位转为企业

D．由单一的国有制转变为股份制

【答案】B

【提示】本题考查出版工作的方针原则。

4．正确处理出版物社会效益与经济效益的关系，就是要（　　）。

A．灵活安排两个效益的位置

B．既保证每种出版物的质量，又保证每种出版物盈利

C．将社会效益放在首位，实现社会效益与经济效益相结合

D．实现经济效益的最大化

【答案】C

【提示】本题考查出版工作的方针原则。

5．我国出版工作的主要任务包括（　　）等。

A．首先实现经济效益最大化

B．建设社会主义核心价值体系

C．弘扬中华文化

D．传播和积累科学文化知识

E．不断实现信息资源的数字化

【答案】BCD

【提示】本题考查出版工作的主要任务。

## 模拟练习

1．我国出版工作的方针原则之一是（　　）。

A．建设社会主义文化强国

B．促进社会科学文化发展

C．百花齐放、百家争鸣，古为今用、洋为中用

D．促进文化大发展、大繁荣

【提示】本题考查出版工作的方针原则。

2．关于我国出版工作的指导思想和方针原则的说法，不正

9

确的有（　　）。
- A. 坚持质量第一，这是由我国出版工作的社会主义性质决定的
- B. 出版工作者处理古代文化和外国文化稿件时，应坚持"百花齐放、百家争鸣"的方针
- C. 出版活动中的社会效益是指有益于社会主义物质文明和精神文明建设的出版效果，经济效益是指通过出版经营获得经济收益。
- D. 出版工作者应坚持将国家效益放在首位，实现社会效益与经济效益相结合
- E. 出版工作要坚持为人民服务，为社会主义服务

【提示】本题考查出版工作的指导思想和方针原则。

3. 我国出版工作的主要任务有（　　）。
- A. 传承优秀文化
- B. 建设社会主义核心价值体系
- C. 促进国际文化交流
- D. 满足和提高人民的精神文化生活
- E. 满足人民群众日益增长的物质生活需求

【提示】本题考查出版工作的主要任务。

【答案】1. C　2. BD　3. BCD

## 考点四：出版物的要素和特殊性（掌握）

 考点解析

表1—5　　　　　出版物的要素及其特殊性

| 出版物的要素 | ①具有经过编辑加工的以文字、图形、图像、声音或其他符号形式表现的精神文化内容，可供阅读、欣赏<br>②具有承载这些精神文化内容的物质载体，而不论其是具有相对固定形态的，还是呈灵活多样形态的<br>③具有复本，可以向公众传播 |
|---|---|

续表

| | |
|---|---|
| 出版物的特殊性 | ①既是精神产品又是物质产品的特殊性（最重要的特殊性）<br>②使用价值与社会效用关系上的特殊性<br>③社会效益与经济效益关系上的特殊性 |

## 典型例题

1. 出版物的特殊性之一，是其使用价值（　　）。

    A. 与社会效益相一致

    B. 与价值相对立

    C. 与经济效益相一致

    D. 既可能产生正面的社会效用，也可能产生负面的社会效用

【答案】D

【提示】本题考查出版物的特殊性。

2. 出版物必须具备的要素包括（　　）等。

    A. 能够长期保存

    B. 具有经过编辑加工的精神文化内容，可供阅读、欣赏

    C. 具有承载精神文化内容的物质载体

    D. 印刷装订成册

    E. 可供传播

【答案】BCE

【提示】本题考查出版物的要素。

3. 出版物不同于一般商品最重要的特殊性，是出版物（　　）。

    A. 既是精神产品，又是物质产品

    B. 既有使用价值，又有价值

    C. 既有社会效益，又有经济效益

    D. 既可能盈利，又可能亏损

【答案】A

11

【提示】本题考查出版物的特殊性。

4. 关于出版物的说法，错误的是（    ）。
A. 精神文化成果都要经过编辑过程才能成为出版物
B. 出版物是精神产品内核与物质产品形态的统一
C. 出版物都要先印刷一定数量的复本，装订成册，然后才可以向社会公众发行
D. 出版物的载体材料并不限于纸张

【答案】C

【提示】本题考查出版物的要素。

## 模拟练习

1. 出版物的要素包括（    ）。
A. 具有经过编辑加工的精神文化内容
B. 有一定的读者
C. 具有承载精神文化内容的物质载体
D. 可以向公众传播
E. 有复本

【提示】本题考查出版物的要素。

2. 下列关于出版物特殊性的说法中，错误的是（    ）。
A. 既是精神产品又是物质产品的特殊性
B. 使用价值与社会效用关系上的特殊性
C. 意识形态属性与社会价值结合的特殊性
D. 社会效益与经济效益关系上的特殊性

【提示】本题考查出版物的要素。

【答案】1. ACDE  2. C

## 考点五：从各种角度所做的出版物分类（熟悉）

**考点解析**

表1—6　　　　　　　　　　出版物的分类

| | |
|---|---|
| 根据出版物总体特征的分类 | 出版物的种类主要有报纸、期刊、图书、音像制品、电子出版物等 |
| 根据出版物内容所属学科的分类 | 马克思主义、列宁主义、毛泽东思想、邓小平理论、"三个代表"重要思想，哲学、宗教，社会科学总论，政治、法律、军事，等等 |
| 从其他角度所做的分类 | 按照出版物所载知识的层次结构不同，出版物可以分为学术研究类、知识普及类、大众生活类、娱乐类等；按内容的表现形式来划分，可以分为文字类、图画类、图文类、声音类、图像类、多媒体类，等等 |

**典型例题**

我国出版管理部门将出版物分为（　　）等类型。

A. 报纸、图书、期刊、缩微出版物、电子出版物、互联网出版物

B. 报纸、图书、期刊、电子出版物、互联网出版物、工艺美术制品

C. 报纸、图书、期刊、影视片、音像制品、互联网出版物

D. 报纸、图书、期刊、音像制品、电子出版物

【答案】D

【提示】本题考查出版物的分类。

### 模拟练习

1. "印刷型出版物"包括（　　）。
   A. 图书　　　　　　B. 期刊
   C. 报表　　　　　　D. 音像制品
   E. 互联网出版物
   【提示】本题考查出版物的分类。
2. 出版物的种类包括（　　）。
   A. 图书　　　　　　B. 期刊
   C. 电子出版物　　　D. 音像制品
   E. 会议记录
   【提示】本题考查出版物的分类。
   【答案】1. AB　2. ABCD

## 考点六：出版资源的概念和特点（了解）

### 考点解析

表1—7　　　　　出版资源的概念和特点

| | | |
|---|---|---|
| 出版资源的概念 | 出版资源是指出版产品形成过程中必须加以开发、利用的各种社会资源，包括人才资源、信息资源和物质资源 | |
| 出版资源的特点 | 人才资源的特点 | ①它不但包括本行业的从业人员，同时还包括行业外的作者和特约编辑等专业人员<br>②出版业人才既要有较高的政治思想素质、文化素质和专业学科素养，又要有相当的经营管理才能 |
| | 信息资源的特点 | 它不是消耗型资源，而是再生型资源 |

### 典型例题

1. 下列有关出版资源的说法中,正确的是( )。
A. 信息资源和物质资源是出版业的重点开发对象
B. 出版业的信息资源特指全社会的文化积累
C. 出版业的信息资源是再生型资源,不会枯竭,但要防止信息泛滥和污染
D. 图书品牌属于物质资源

【答案】C
【提示】本题考查出版资源的概念。

2. 关于出版资源特点的说法,正确的是( )。
A. 出版资源中的物质资源与其他企业的物质资源有根本区别
B. 出版资源中的人才资源只包括本行业的从业人员
C. 出版业从业人员组成的人才资源与其他产业人才资源的职业特点完全相同
D. 出版资源中的信息资源是再生资源,不会枯竭

【答案】D
【提示】本题考查出版资源的特点。

### 模拟练习

1. 出版资源是指出版产品形成过程中必须加以开发、利用的各种社会资源,包括( )。
   A. 文化资源　　　　B. 信息资源
   C. 人才资源　　　　D. 物质资源
   E. 市场资源

【提示】本题考查出版资源的概念。

2. 出版资源中人才资源的特点有（　　）。

A. 只有本行业从业人员

B. 不仅包括本行业的从业人员，还包括行业外专业人员

C. 有较高的政治思想素质

D. 有相当的经营管理才能

E. 有较高的文化素质和专业学科素养

【提示】本题考查出版资源的特点。

【答案】1. BCD　2. BCDE

## 考点七：关于出版信息资源开发、利用和维护的知识（掌握）

 考点解析

表1—8　关于出版信息资源开发、利用和维护的知识

| | |
|---|---|
| 开发、利用的途径 | ①紧跟社会的发展<br>②整合已有出版物中的信息<br>③及时更新已有成果<br>④着力打造品牌并扩大其影响<br>⑤开发国外资源<br>⑥组合运用多种媒体 |
| 开发、利用信息资源要注意的一些问题 | ①着力于深度开发<br>②重视调查研究<br>③强化创新意识<br>④提高信息把握能力<br>⑤注重信息质量并提高其使用价值 |
| 信息资源的维护 | ①不断实现信息资源的数字化<br>②不断更新、优化信息资源<br>③实现专业化管理<br>④建立信息资源预警和应急机制 |

## 典型例题

1. 开发、利用出版信息资源的途径之一是（　　）。
A. 组合运用多种媒体
B. 建立物流自动化系统
C. 培养大量的编辑出版人才
D. 利用外审力量完成稿件加工

【答案】A
【提示】本题考查出版信息资源开发、利用的途径。

2. 开发、利用出版信息资源的方法和途径包括（　　）等。
A. 抓住社会热点信息，策划选题
B. 建立现代化复制系统
C. 扩大品牌影响
D. 充分利用各种外审力量完成部分稿件的审稿和加工整理
E. 组合运用多种媒体

【答案】ACE
【提示】本题考查出版信息资源开发、利用的方法和途径。

## 模拟练习

1. 关于出版信息资源维护的说法，正确的是（　　）。
A. 建立传统的信息资源管理模式
B. 引进国外先进出版信息维护手段
C. 实现专业化管理
D. 建立数据库

【提示】本题考查出版信息资源的维护。

2. 下列属于开发、利用出版信息资源途径的是（　　）。
A. 建立现代化复制系统

B. 对出版信息反复加工

C. 打造编辑队伍

D. 着力打造品牌并扩大其影响

【提示】本题考查出版信息资源开发、利用的途径。

3. 为了预防那些贬值的信息资源对出版单位造成的危机，应该（　　）。

A. 不断更新、优化信息资源

B. 实现专业化管理

C. 建立信息资源预警和应急机制

D. 不断实现信息资源的数字化

【提示】本题考查出版信息资源的维护。

【答案】1. C  2. D  3. C

## 考点八：我国出版业的特点和构成（熟悉）

### 考点解析

表1—9　　　　　　我国出版业的特点和构成

| | |
|---|---|
| 我国出版业的特点 | ①属于社会主义思想文化阵地<br>②具有产业经济属性<br>③富有文化创意价值<br>④与信息技术密切相关<br>⑤事业和产业的有机统一 |
| 我国出版业的构成 | 根据出版环节来划分，主要分为出版行业（狭义的出版业）、印刷行业（复制行业）、发行行业等 |
| | 根据产业链来划分，主要由图书出版行业、报纸出版行业、期刊出版行业、音像制品出版行业、电子出版物出版行业、数字出版行业等构成 |
| | 从出版环节来看，主要由出版单位、制作单位、印刷复制单位、发行单位、出版专业教育单位和科研单位等构成 |

## 典型例题

我国出版业的特点有（　　）等。
A. 属于社会主义思想文化阵地
B. 是信息技术的组成部分
C. 富有文化创意价值
D. 是纯粹的文化事业
E. 具有产业经济属性

【答案】ACE
【提示】本题考查我国出版业的特点。

## 模拟练习

1. 下列不属于我国出版业特点的是（　　）。
A. 属于社会主义思想文化阵地
B. 具有文化属性
C. 与信息技术密切相关
D. 具有产业经济属性

【提示】本题考查我国出版业的特点。

2. 我国出版业主要由（　　）构成。
A. 发行单位　　　　B. 出版单位
C. 版权贸易单位　　D. 出版行政单位
E. 出版专业教育单位和科研单位

【提示】本题考查我国出版业的构成。
【答案】1. B　2. ABE

## 考点九：我国出版体制改革的主要任务（了解）

### 考点解析

表1—10　我国出版体制改革的主要任务

| | |
|---|---|
| 主要任务 | ①完善出版管理体制<br>②增强出版单位发展活力<br>③建立健全多层次的出版产品和要素市场<br>④推进出版公共服务体系标准化、均等化<br>⑤提高出版开放水平 |

### 模拟练习

下列不属于我国出版体制改革的主要任务的是（　　）。

A．增强出版单位发展活力

B．提高出版开放水平

C．推进出版公共服务体系标准化、均等化

D．建立健全出版法律法规

【提示】本题考查我国出版体制改革的主要任务。

【答案】D

## 考点十：我国出版业发展的主要任务（熟悉）

### 考点解析

表1—11　我国出版业发展的主要任务

| | |
|---|---|
| 主要任务 | ①发展图书、报纸、期刊等纸介质出版业态<br>②发展数字出版等非纸介质出版业态<br>③发展动漫、游戏出版业态<br>④推动传统媒体和新兴媒体融合发展<br>⑤发展印刷复制业<br>⑥发展出版流通业 |

### 模拟练习

我国出版业发展的主要任务是（　　）。
A. 发展印刷复制业
B. 发展出版流通业
C. 发展出版发行业
D. 发展动漫、游戏出版业态
E. 发展数字出版等非纸介质出版业态

【提示】本题考查我国出版业发展的主要任务。
【答案】ABDE

## 考点十一：我国台湾地区和香港、澳门特别行政区的出版业概况（了解）

### 考点解析

表1—12　我国台湾地区和香港、澳门特别行政区的出版业概况

| | |
|---|---|
| 台湾地区出版业 | 到2013年出版社超过12 000家，每年出版新书4.3万多种；报社2 000多家，期刊社7 000多家；出版机构绝大多数是民营的，主要集中在北部 |
| 香港特别行政区出版业 | 香港对出版社的设立实行登记注册制度，香港书店业的一道景观就是独具香港文化特色的"二楼书店"，香港最主要的书展是每年一次的香港书展 |
| 澳门特别行政区出版业 | 澳门的出版业发展较慢，报业的地位突出，图书、期刊的出版尚处于较低水平 |

21

### 模拟练习

1. 以下说法正确的是（　　）。
A. 台湾的出版机构绝大多数都不是民营的，主要集中在北部
B. 香港每年有两次香港书展
C. 澳门的图书、期刊的出版尚处于较低水平
D. 台湾地区书刊发行渠道尚不成熟

【提示】本题考查我国台湾地区和香港、澳门特别行政区的出版业概况。

2. "二楼书店"是（　　）地区独具的文化特色。
A. 北京　　　　　　B. 台湾
C. 香港　　　　　　D. 澳门

【提示】本题考查我国台湾地区和香港、澳门特别行政区的出版业概况。

【答案】1. C　2. C

## 考点十二：美、英、法、德、日等国的出版业概况（了解）

### 考点解析

表1—13　美、英、法、德、日等国的出版业概况

| 美国出版业 | 拥有全球规模最大的出版业和出版市场，出版企业的设立采用登记制 |
|---|---|
| 英国出版业 | 对出版企业的设立实行登记制，是少数几个对印刷出版物免征增值税的国家之一 |

续表

| 法国出版业 | 大约有3 600家出版机构，其中大多数集中在巴黎；图书的发行分直接销售与间接销售两种 |
|---|---|
| 德国出版业 | 对图书出版实行扶持政策，只需缴纳7%的增值税 |
| 日本出版业 | 大中型出版商往往同时出版图书和报刊，期刊（尤其是漫画期刊和周刊）一直是该国出版业的重要组成部分 |

## 模拟练习

1. 关于美国出版业的说法，错误的是（　　）。
   A. 美国出版企业的设立采用登记制
   B. 美国拥有全球规模最大的出版业和出版市场
   C. 美国的图书发行中间环节包括出版社的发行公司、发行代理商等
   D. 美国对印刷出版物免征增值税
   【提示】本题考查美国出版业概况。

2. 美国出版企业的设立采用（　　）。
   A. 登记制　　　　　　B. 许可制
   C. 备案制　　　　　　D. 认证制
   【提示】本题考查美国出版业概况。

3. 下列关于英国出版业的说法，正确的有（　　）。
   A. 英国出版业始于15世纪70年代
   B. 目前，英国是世界上的出版大国和出版强国之一，期刊出版是最大门类
   C. 英国90%为中小型出版社，大型出版社主要是跨国传媒公司
   D. 英国对出版企业的设立实行登记制

E. 英国是少数几个对印刷出版物免征增值税的国家之一

【提示】本题考查英国出版业概况。

【答案】1. D  2. A  3. ACDE

## 考点十三：出版学的学科性质、研究对象和开展出版学研究的意义（了解）

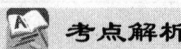 考点解析

表1—14  出版学的学科性质、研究对象和开展出版学研究的意义

| 出版学的学科性质 | 出版学是研究出版活动及其发展规律的科学，其目的是为出版活动提供理论指导；出版学属于应用科学，不是基础科学 |
|---|---|
| 出版学的研究对象 | 出版学的研究对象是出版活动与社会的关系以及出版活动本身的规律性 |
| 开展出版学研究的意义 | ①只有用科学的理论指导出版实践，才能树立正确的出版观念，不断适应飞速发展的形势，积极应对来自各方面的挑战；才能正确发挥出版工作者的智慧和才能，创造性地开展工作，不断为出版业的繁荣、发展做出贡献<br>②只有依靠出版学的学科建设，才能从根本上满足各方面对出版专业人才的迫切需要，并使出版专业人才的素质能够在持续、正规的培养中不断得到提高<br>③只有对出版学有足够的理论兴趣，才能更加热爱出版工作，自觉地在出版业这个大学校里汲取丰富的营养，才有可能在出版工作岗位上不断成长，最终成为有精湛造诣的学者专家 |

 典型例题

下列有关出版学的说法中，正确的有（　　）。

A. 出版学是基础学科

B. 出版学是研究出版活动及其发展规律的科学
C. 出版学要研究出版活动与社会的关系
D. 出版学是行业之学
E. 出版学即编辑学

【答案】BCD

【提示】本题考查出版学的学科性质及研究对象。

 模拟练习

出版学的研究对象包括（   ）。
A. 出版活动与社会的关系
B. 出版活动与文化的关系
C. 出版活动与教育的关系
D. 出版学的特殊性
E. 出版活动本身的规律性

【提示】本题考查出版学的研究对象。

【答案】AE

## 考点十四：出版学的学科内容及其相关学科（熟悉）

 考点解析

表1—15　　　　　　　出版学的学科内容

| 出版学的学科内容 | 出版与社会的关系 | | |
|---|---|---|
| | 出版物 | ①出版物精神生产与物质生产的特点及其相互关系<br>②出版物的社会效益与经济效益及其相互关系 |
| | 出版业 | ①出版业与相关行业的关系<br>②出版业的体制机制<br>③出版业的结构和发展方式 |

25

续表

| | |
|---|---|
| 出版学的学科内容 | 出版物市场 |
| | 出版人才队伍建设 |
| | 出版管理体制、出版法规及宏观管理 |
| | 出版企业经营管理 |
| | 中外出版历史 |

出版学的相关学科：编辑学、目录学、版本学、校勘学、文献学、传播学、新闻学、文化学、社会学、经济学、管理学、市场营销学等。

 模拟练习

1. 出版学是研究出版活动及其发展规律的科学，下列关于出版学的说法，正确的有（　　）。

A. 出版学属于基础科学，不是应用科学
B. 出版物是出版学研究的重要对象
C. 出版业是出版学研究的主体
D. 出版学属于应用科学
E. 出版学是行业之学

【提示】本题考查出版学的学科性质和学科内容。

2. 出版学的学科内容包括（　　）。

A. 出版活动与社会的关系　　B. 科学出版技术
C. 出版物市场　　　　　　　D. 出版人才队伍建设
E. 中外出版历史

【提示】本题考查出版学的学科内容。

【答案】1. BCDE　2. ACDE

## 考点十五：中外出版学研究及其学科建设概况（了解）

### 考点解析

表1—16　中外出版学研究及其学科建设概况

| | |
|---|---|
| 中国的出版研究和学科建设 | 杨家骆最早在文章中使用"出版学"一词；1983年，中国出版工作者协会第一次把有关出版活动的理论研究真正作为出版学学科建设展现在学术舞台上；至今，我国已经出版了不少出版学的论著，成立了出版科学研究机构等 |
| 外国的出版研究与学科建设 | 比较系统地论述出版活动的著作，是被西方国家称誉为"出版圣经"的《出版实况》；日本和韩国都是较早提出建立出版学的国家；在美国，较有影响的出版研究著作《图书出版的艺术和科学》在1970年问世 |

### 模拟练习

1. 关于我国与出版学相关的著作，下列选项中属于清代的是（　　）。

A.《校雠通义》　　　　　B.《书林清话》
C.《四库全书总目提要》　D.《校雠略》

【提示】本题考查中国的出版研究。

2. 在美国，较有影响的出版研究著作是（）。

A.《论出版自由》　　　　　B.《图书年鉴》
C.《图书出版的艺术和科学》　D.《出版实况》

【提示】本题考查外国的出版研究。

【答案】1.　ABC　2.　C

# 第二章　编辑概论

## 基本要求

考点一：掌握"编辑"的概念。
考点二：熟悉编辑工作在出版工作中的地位。
考点三：掌握编辑工作的特点。
考点四：熟悉编辑工作的基本功能。
考点五：掌握对编辑人员的能力和责任的要求。
考点六：掌握编辑应该做的作者工作和读者工作。★
考点七：了解编辑学的学科建设及与其他学科的关系。
考点八：了解编辑学的研究对象和研究任务。
（标有"★"号的，为非从事数字出版的其他出版专业技术人员应考内容）

## 考试内容

1. "编辑"的概念。
2. 编辑工作在出版工作中的地位。
3. 编辑工作的特点。
4. 编辑工作的基本功能。
5. 对编辑人员的能力和责任的要求。
6. 编辑应该做的作者工作和读者工作。
7. 编辑学的学科建设及与其他学科的关系。
8. 编辑学的研究对象和研究任务。

## 考点一:"编辑"的概念(掌握)

 考点解析

表 2—1 "编辑"的概念

| 编辑 | 编辑是指以生产出版物的精神文化内容为目的,策划、组织、审读、选择和加工作品的一种专业性的精神生产活动 |
| --- | --- |
| | 它是出版物复制、发行的前提 |
| | 编辑一词也可指称从事编辑活动的职业、岗位、人员,以及这类人员的中级专业技术职务 |

 模拟练习

以下对"编辑"概念的表述中,错误的是( )。
A. 编辑以生产出版物的精神文化内容为目的
B. 编辑是策划、组织、审读、选择和加工作品的一种专业性的精神生产活动
C. 编辑是出版物出版的前提
D. 编辑一词也可指称从事编辑活动的职业、岗位、人员以及这类人员的中级专业技术职务

【提示】本题考查"编辑"的概念。
【答案】C

## 考点二:编辑工作在出版工作中的地位(熟悉)

考点解析

编辑工作是出版工作的中心环节。理由如下:①编辑工作对出版物工作的全局具有关键性的作用和影响。②编辑工作是出版物复制和发行的前提。③编辑工作对出版单位的经营具有重要作用。

> **典型例题**

1. 出版工作的中心环节是（　　）。
   A. 发行工作　　　　　　B. 管理工作
   C. 营销工作　　　　　　D. 编辑工作

   【答案】D
   【提示】本题考查编辑工作在出版工作中的地位。

2. 认为"编辑工作是出版工作的中心环节"，主要是因为编辑工作（　　）等。
   A. 对出版工作的全局具有关键性的作用和影响
   B. 决定着出版单位的机构设置
   C. 是出版物复制、发行的前提
   D. 对出版单位的经营具有重要作用
   E. 在出版物生产周期中占用的时间最长

   【答案】ACD
   【提示】本题考查编辑工作在出版工作中的地位。

3. 编辑工作是出版工作的中心环节，主要因为（　　）等。
   A. 编辑工作对出版工作的全局具有关键性的作用和影响
   B. 编辑工作在出版物生产周期中占用的时间最多
   C. 编辑工作对出版单位的经营具有重要作用
   D. 从事编辑工作的人数在一个出版单位中最多
   E. 从事编辑工作的人员必须具备大专以上学历

   【答案】AC
   【提示】本题考查编辑工作在出版工作中的地位。

> **模拟练习**

编辑工作在出版工作中的地位是（　　）。
A. 编辑工作对出版工作的全局具有关键性的作用和影响

B. 编辑工作是出版物复制和发行的前提
C. 编辑工作是出版物出版的基础
D. 编辑工作决定着出版单位的经营策略
E. 编辑工作对出版单位的经营具有重要作用

【提示】本题考查编辑工作在出版工作中的地位。

【答案】ABE

## 考点三：编辑工作的特点（掌握）

### 考点解析

表2—2　　　　　　编辑工作的特点

| | | |
|---|---|---|
| 政治性 | 文化工作共有的特点 | 引导社会意识形态 |
| 思想性 | | 与政治性相通 |
| 科学性 | | 传播科学知识 |
| 创造性 | | 既包含编辑人员独自的创新，又存在一定的依附性 |
| 选择性 | 编辑工作的专业特点 | 选择有价值的作品进行传播 |
| 加工性 | | 对作品追加创造性劳动 |
| 中介性 | | 联系精神生产过程和物质生产过程 |

### 典型例题

1. 编辑工作的专业特点包括（）等。

A. 首创性　　　　　　　B. 选择性
C. 加工性　　　　　　　D. 中介性
E. 普及性

【答案】BCD

【提示】本题考查编辑工作的特点。

2. 编辑创造与其他精神文化创造的不同之处，主要在于编

31

辑创造（　　）。

A. 完全是一种再创造

B. 既能创造精神财富，又能创造物质财富

C. 对产品质量具有决定作用

D. 既包含编辑人员独自的创新，又存在一定的依附性

【答案】D

【提示】本题考查编辑工作的创造性。

3. 编辑工作的特点不包括（　　）。

A. 思想性　　　　　　B. 创造性

C. 选择性　　　　　　D. 通用性

【答案】D

【提示】本题考查编辑工作的特点。

4. 编辑工作与其他文化工作共有的特点包括（　　）等。

A. 思想性　　　　　　B. 选择性

C. 创造性　　　　　　D. 加工性

E. 中介性

【答案】AC

【提示】本题考查包括编辑工作在内的文化工作的共有特点。

5. 我国编辑工作的思想性，在很多地方是和（　　）相通的。

A. 政治性　　　　　　B. 稳定性

C. 艺术性　　　　　　D. 选择性

【答案】A

【提示】本题考查编辑工作的思想性。

## 模拟练习

1. 编辑创造与其他精神文化创造的不同之处在于，编辑创造（　　）。

A. 既包含编辑人员独自的创新，又存在一定的依附性

B. 是联系精神生产过程和物质生产过程的纽带
C. 是对已有作品追加创造性劳动的工作
D. 各个环节都要按照各种规范进行操作

【提示】本题考查编辑工作的创造性。

2. 编辑工作不同于其他文化工作的专业特点包括（　　）等。

A. 政治性　　　　　　B. 创造性
C. 思想性　　　　　　D. 加工性
E. 选择性

【提示】本题考查编辑工作的专业特点。

【答案】1．A　2．DE

## 考点四：编辑工作的基本功能（熟悉）

 考点解析

表2—3　　　　　编辑工作的基本功能

| | |
|---|---|
| 文化生产中的设计、组织功能 | ①协调大型出版物的出版<br>②策划和催生作者的创作活动，保证出版物生产具备必要的前提条件<br>③设计出版资源的开发，整体设计出版物产品的形式，策划、组织出版物生产、市场营销 |
| 文化传播中的选择、引导功能 | 对作品拥有选择权，这种选择具有把关作用 |
| 文化创造中的优化功能 | ①收集和分析信息，帮助作者寻找最佳的创作角度<br>②了解创作进度，分析创作情况，配合作者解决遇到的问题<br>③认真审读作品<br>④参与出版物的整体设计<br>⑤优化产品结构 |

### 典型例题

1. 下列关于编辑工作基本功能的表述中，错误的是(　　)。
   A. 组织文化生产　　　　B. 创作文化作品
   C. 引导文化传播　　　　D. 优化文化创造

【答案】B
【提示】本题考查编辑工作的基本功能。

2. 编辑工作的基本功能包括(　　)等。
   A. 文化建设中的领军功能
   B. 文化创造中的优化功能
   C. 文化宣传中的管理功能
   D. 文化生产中的设计、组织功能
   E. 文化传播中的选择、引导功能

【答案】BDE
【提示】本题考查编辑工作的基本功能。

### 模拟练习

1. 以下属于编辑工作的优化功能的有(　　)。
   A. 帮助作者寻找最佳的创作角度，适当地参与创作
   B. 配合作者解决遇到的问题
   C. 作品完成之后对作品进行认真的审读
   D. 在将作品转化成出版物时参与出版物的整体设计
   E. 设计和规划选题

【提示】本题考查编辑工作的优化功能。

2. 以下不属于编辑工作的设计、组织功能的有(　　)。
   A. 设计出版资源的开发，整体设计出版物产品的形式，策划、组织出版物生产、市场营销

B. 对作品拥有选择权，这种选择具有把关作用
C. 协调大型出版物的出版
D. 策划和催生作者的创作活动，保证出版物生产具备必要的前提条件

【提示】本题考查编辑工作的设计、组织功能。

【答案】1．BCDE　2．B

## 考点五：对编辑人员的能力和责任的要求（掌握）

 考点解析

表2—4　　　　　编辑人员的能力和责任

| 政治认知能力 | 认识和辨析能力 | 政治责任 |
| --- | --- | --- |
| 策划能力 | ①收集和分析信息<br>②富有创新意识<br>③熟悉出版实务<br>④把握出版物市场变化趋势 | 社会责任 |
| 语言文字能力 | 规范能力、加工能力、写作能力 | 把关责任 |
| 社会活动能力 | 参加社会活动和社会调查 | 宣传引导责任 |
| 判断能力 | 分析、判断 | |
| 信息感知能力 | 把握、利用信息 | |
| 审美能力 | 认识美、评价美 | |

典型例题

1．编辑人员应该具备的能力包括（　　）等。
A．艺术创作能力　　　　B．判断能力
C．社会活动能力　　　　D．信息感知能力
E．审美能力

【答案】BCDE

【提示】本题考查编辑人员的能力。

2. 编辑必须具备的语言文字能力中不包括（    ）能力。
   A. 规范          B. 加工          C. 造词
   D. 写作          E. 演讲
   【答案】CE
   【提示】本题考查编辑人员的语言文字能力。

3. 编辑工作是一种语言文字工作，但不要求编辑人员(    )。
   A. 掌握语言文字规范          B. 有语言文字加工能力
   C. 有写作能力                D. 是语言文字研究专家
   【答案】D
   【提示】本题考查编辑人员的语言文字能力。

4. 编辑在稿件加工中应当避免（    ）。
   A. 删除字、词、句             B. 改变词序和段落
   C. 增补观点和材料             D. 订正引文
   【答案】C
   【提示】本题考查编辑人员的语言文字能力。

5. 编辑人员必须具备的能力中不包括（    ）。
   A. 政治认知能力               B. 文学创作能力
   C. 判断能力                   D. 信息感知能力
   【答案】B
   【提示】本题考查编辑人员的能力。

6. 在出版工作中，编辑必须担当起（    ）等。
   A. 政治责任       B. 把关责任       C. 社会责任
   D. 行政责任       E. 宣传引导责任
   【答案】ABCE
   【提示】本题考查编辑人员的责任。

7. 编辑人员的责任主要有（    ）等。
   A. 政治责任       B. 发展责任       C. 写作责任
   D. 社会责任       E. 把关责任
   【答案】ADE

【提示】本题考查编辑人员的责任。

### 模拟练习

为提高策划能力,编辑需要(    )。
A. 充分收集和分析信息
B. 参加创意策划培训班
C. 别出心裁,富有创新意识
D. 熟悉出版实务,懂得经济核算
E. 了解消费者,把握出版物市场变化趋势
【提示】本题考查编辑人员的策划能力。
【答案】ACDE

## 考点六:编辑应该做的作者工作和读者工作(掌握)★

### 考点解析

表 2—5　　编辑应该做的作者工作和读者工作

| | |
|---|---|
| 编辑的作者工作 | ①发现作者<br>②选择作者<br>③建立作者队伍数据库<br>④与作者保持经常联系<br>⑤为作者服务<br>⑥维护作者权益 |
| 编辑的读者工作 | ①进行读者调查<br>②为读者服务<br>③处理读者来信 |

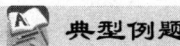

1. 编辑的读者工作包括(    )等具体内容。

A. 读者调查 B. 为读者服务
C. 组织读者团购书籍 D. 满足读者的各种要求
E. 处理读者来信

【答案】ABE

【提示】本题考查编辑的读者工作。

2. 编辑的作者工作包括（    ）等具体内容。

A. 发现作者 B. 指导作者进修
C. 建立作者队伍数据库 D. 维护作者权益
E. 为作者制订创作计划

【答案】ACD

【提示】本题考查编辑的作者工作。

3. 编辑的读者工作要求编辑（    ）。

A. 方便读者就近购买出版物
B. 在任何情况下都不损害读者的利益
C. 为读者提供普及性的读物
D. 为读者提供低价的读物

【答案】B

【提示】本题考查编辑的读者工作。

4. 关于编辑与作者、读者关系的说法，正确的有（    ）等。

A. 编辑居主导地位，作者应该服从编辑
B. 编辑是沟通作者和读者关系的桥梁
C. 编辑要为读者服务，定期向他们通报每位作者的创作计划
D. 编辑和作者是互助合作的关系
E. 编辑要为作者服务，维护作者的权益

【答案】BDE

【提示】本题考查编辑应该做的作者工作和读者工作。

5. 编辑的读者工作包括（    ）等。

A. 调查了解读者需求和读者心理
B. 掌握读者对象的层次和社会分布

C. 把出版物介绍给读者
D. 保护读者的各项合法权利
E. 认真处理读者来信
【答案】ABCE
【提示】本题考查编辑的读者工作。

### 模拟练习

1. 编辑为作者服务的最终目的是（　　）。
A. 为出版社赢利
B. 实现编辑自身的价值
C. 给读者提供优质的精神文化食粮
D. 尊重和维护作者权益
【提示】本题考查编辑的作者工作。
2. 期刊编辑应做的作者工作和读者工作不包括（　　）。
A. 建立作者数据库
B. 及时处理读者传达的信息
C. 有意识地组织读者评刊
D. 帮助每位作者与读者建立固定的联系
【提示】本题考查编辑应该做的作者工作和读者工作。
【答案】1. C  2. D

## 考点七：编辑学的学科建设及与其他学科的关系（了解）

### 考点解析

（一）编辑学的学科建设
把编辑学作为一门独立的学科来研究，是从中国开始的。

1949年在广州出版的李次民所著的《编辑学》,是世界上最早以"编辑学"命名的专著。

(二) 编辑学与其他学科的关系

与编辑学关系密切的相关学科有出版学、逻辑学、语言学、文学、社会学、心理学、社会心理学、新闻学、传播学、目录学、版本学、校勘学、文献学、信息论、控制论、系统论等。

### 典型例题

1. 据有关资料记载,1949年在广州出版的李次民所著《编辑学》,是（　　）范围内最早以"编辑学"命名的专著。

A. 世界　　　B. 亚洲　　　C. 东南亚　　　D. 中国

【答案】A

【提示】本题考查编辑学的学科建设。

2. 与编辑学关系密切的相关学科包括（　　）等。

A. 出版学　　　B. 政治学　　　C. 目录学

D. 会计学　　　E. 传播学

【答案】ACE

【提示】本题考查编辑学与其他学科的关系。

### 模拟练习

把编辑学作为一门独立的学科来研究,是从（　　）开始的。

A. 日本　　　B. 中国　　　C. 美国　　　D. 法国

【提示】本题考查编辑学的学科建设。

【答案】B

# 考点八：编辑学的研究对象和研究任务（了解）

## 考点解析

表2—6　编辑学的研究对象和研究任务

| | |
|---|---|
| 编辑学的研究对象 | ①编辑活动的性质<br>②编辑活动的任务及其实现手段<br>③编辑活动的作用<br>④编辑活动的规律 |
| 编辑学的研究任务 | ①研究编辑活动与其他活动的关系<br>②研究编辑过程<br>③研究编辑与作者、读者的关系<br>④研究编辑活动的创造性及其特点<br>⑤研究编辑队伍的建设和管理<br>⑥研究编辑历史 |

## 典型例题

1. 编辑学要研究（　　）等。

A. 编辑历史

B. 适合图文编辑使用的计算机软件

C. 编辑队伍建设

D. 编辑活动的创造性

E. 编辑与作者、读者的关系

【答案】ACDE

【提示】本题考查编辑学的研究任务。

2. 编辑学研究的任务包括（　　）等。

A. 研究编辑活动与其他活动的关系

B. 研究编辑过程

C. 研究非线性编辑技术

D. 研究编辑与作者的关系

E. 研究编辑队伍的建设和管理

【答案】ABDE

【提示】本题考查编辑学的研究任务。

3. 编辑学主要研究（　　）等。

A. 编辑活动与其他活动的关系　　B. 编辑过程

C. 印刷复制技术　　D. 编辑历史

E. 编辑与作者、读者的关系

【答案】ABDE

【提示】本题考查编辑学的研究任务。

4. 编辑学的研究任务不包括（　　）。

A. 编辑与作者、读者的关系

B. 非线性编辑系统的开发

C. 编辑队伍的建设和管理

D. 编辑历史

【答案】B

【提示】本题考查编辑学的研究任务。

 模拟练习

编辑学的研究对象包括（　　）等。

A. 图文编辑软件开发

B. 编辑活动的性质

C. 编辑活动的任务及其实现手段

D. 编辑活动的作用

E. 编辑活动的规律

【提示】本题考查编辑学的研究对象。

【答案】BCDE

# 第三章 出版历史知识

## 考试要求

考点一：了解汉字的演变和中国历史上几种主要的少数民族文字。

考点二：熟悉中国历史上早期的几种主要文献载体。

考点三：熟悉纸的发明。★

考点四：了解造纸术对社会文化的影响和向域外的传播。★

考点五：熟悉印刷术的发明和发展。★

考点六：了解印刷术向域外的传播。★

考点七：熟悉中国古代图书的生产方式。

考点八：熟悉中国古代刻书业的编辑工作。

考点九：了解中国古代图书的流通方式。★

考点十：了解近代中国印刷业对西方技术的引进、应用与行业的发展。★

考点十一：熟悉新技术对图书装帧形态的影响。★

考点十二：了解早期传教士创办的出版机构。

考点十三：熟悉晚清政府办的出版机构。

考点十四：了解近代民营出版机构的出现和发展概况。

考点十五：掌握关于有影响的民营出版机构的知识。

考点十六：熟悉中国共产党领导的近代出版机构。

考点十七：了解国民党、文化团体办的近代出版机构。

考点十八：掌握近代重要的报纸、期刊品种和图书种类。

考点十九：了解近代著作权法的颁布、修订与实施及出版行业协会组织的作用。

（标有"★"号的，为非从事数字出版的其他出版专业技术人员应考内容）

## 考试内容

1. 中国各民族文字的产生与发展。
2. 中国历史上的早期文献载体。
3. 造纸术的发明及其影响和向域外的传播。
4. 印刷术的发明、发展和向域外的传播。
5. 中国古代的刻书业及其编辑工作。
6. 中国古代图书的流通。
7. 近代中国印刷业对西方技术的引进、应用与行业的发展。
8. 新技术对图书形态的影响。
9. 中国近代的出版机构。
10. 近代重要的报纸、期刊品种和图书种类。
11. 近代著作权法的颁布、修订与实施及出版行业协会组织的作用。

### 考点一：汉字的演变和中国历史上几种主要的少数民族文字（了解）

**考点解析**

表3—1 汉字的演变和中国历史上几种主要的少数民族文字

| | | |
|---|---|---|
| 汉字的演变 | 甲骨文 | 我国最早的文字体系 |
| | 金文 | 形体因时代而异 |
| | 篆书 | 有大篆和小篆之分 |
| | 隶书 | 真正成为便于书写的符号 |
| | 草书 | |
| | 楷书 | 汉字的字体趋于稳定 |
| | 行书 | |

续表

| | | |
|---|---|---|
| 中国历史上几种主要的少数民族文字 | 回鹘文 | 形成现代的维吾尔文 |
| | 藏文 | 拼音文字 |
| | 蒙古文 | 短暂通行 |
| | 古壮文 | 不通用 |
| | 满文 | 基于蒙古文创制 |
| | 朝鲜文 | 拼音文字,至今仍在使用 |

### 典型例题

下列少数民族文字中,至今仍在使用的是(　　)。
A. 西夏文　　B. 八思巴字　　C. 突厥文　　D. 朝鲜文
【答案】D
【提示】本题考查中国历史上几种主要的少数民族文字。

### 模拟练习

1. 奠定了汉字方块形象的字体是(　　)。
A. 金文　　B. 篆书　　C. 隶书　　D. 楷书
【提示】本题考查汉字的演变。
2. 汉字演变的顺序是(　　)。
A. 甲骨文—篆书—隶书—楷书
B. 甲骨文—隶书—篆书—楷书
C. 甲骨文—隶书—楷书—篆书
D. 甲骨文—篆书—楷书—隶书
【提示】本题考查汉字的演变。
【答案】1. C　2. A

## 考点二：中国历史上早期的几种主要文献载体（了解）

 考点解析

表 3—2　　中国历史上早期的几种主要文献载体

| 甲骨 | 用于占卜，记录卜辞的文字称为"甲骨文" |
|---|---|
| 青铜器 | 用于刻字，所刻文字称"金文"或"铜器铭文" |
| 石头 | 最早的成篇石刻文字——东周秦国的石鼓文 |
| 简牍 | ①具有较完备的书籍形态<br>②最早的简——湖北随州战国早期曾侯乙墓出土的竹简 |
| 缣帛 | ①帛书最终导致纸的发明<br>②现存的最完整帛书——1973年在长沙出土的马王堆汉墓帛书 |

 典型例题

关于"简牍"的说法，正确的有（　　）。

A. 竹片称为"简"，木片称为"牍"

B. 受自然条件所限，简牍的实际使用范围不大

C. 简牍的书写形式、版式设计等形制对后世的书籍影响很大

D. "卷""尺牍"等书业术语来源于简牍

E. 多根简编联在一起称为"策"

【答案】ACDE

【提示】本题考查关于简牍的基础知识。

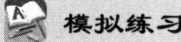 模拟练习

1. 关于"缣帛"的说法,正确的有（　　）。
A. 缣帛与简牍是在不同时期流行的
B. 帛书也有"缯书""素书""缣书"等称谓
C. 现存的最完整帛书是1973年在长沙出土的马王堆汉墓帛书
D. 缣帛便于携带收藏和阅览,但不易于着墨书写
E. 帛书最终导致了纸的发明

【提示】本题考查关于缣帛的基础知识。

2. 最终导致纸的发明的文献载体是（　　）。
A. 帛书　　　　　　　　B. 简牍
C. 石头　　　　　　　　D. 青铜器

【提示】本题考查中国历史上早期的几种主要文献载体。

【答案】1. BCE　2. A

## 考点三：纸的发明（熟悉）★

 考点解析

表3—3　　　　　　　　纸的发明

| 纸的发明 | 蔡伦的贡献 | ①总结前人经验,创造了完整的生产新工艺<br>②扩大了原料来源,改进了生产技术<br>③开发了以楮树皮等造纸的技术,推动了造纸术的发展 |
|---|---|---|

 模拟练习

纸的发明是出版技术发展过程中一项历史性的重大进步,以下关于纸的发明的说法错误的是（　　）。
A. 据考古发掘,西汉时期已有纸

47

B. 蔡伦缩小了原料来源，改进了造纸生产技术
C. 蔡伦开发了以楮树皮等造纸的技术，推动了造纸术发展
D. 蔡伦是中国发明造纸术的杰出代表人物，在世界文明史上有着不朽的地位

【答案】B

【提示】本题考查纸的发明。

## 考点四：造纸术对社会文化的影响和向域外的传播（了解）★

### 考点解析

表3—4　造纸术对社会文化的影响和向域外的传播

| | |
|---|---|
| 对社会文化的影响 | ①推动建安文学、魏晋学术和绘画艺术的繁荣<br>②影响汉字字体的变化<br>③奠定了实行科举制度的基础 |
| 向域外的传播 | 汉末传入越南，公元4世纪传入朝鲜、中亚各国，5世纪经朝鲜传入日本，8世纪传入阿拉伯地区，12世纪前传入欧洲 |

### 典型例题

关于造纸术的说法，正确的有（　　）。

A. 我国在西汉时期就已经出现了纸
B. 东汉时期蔡伦改进了造纸术
C. 公元5世纪造纸术经朝鲜传入日本
D. 以纸为载体书写汉字对汉字字体的变化产生了影响
E. 我国造纸术先传入欧洲，然后才传至中亚各国

【答案】ABCD

【提示】本题考查纸的发明、影响及向域外传播。

### 模拟练习

1. 以下关于纸的影响的表述，不正确的是（　　）。
A. 促进了"百花齐放，百家争鸣"
B. 将魏晋时期的书法绘画艺术带入了新的境界
C. 对汉字字体的变化产生影响
D. 为实行科举制度奠定了基础

【提示】本题考查纸的国内影响。

2. 下列关于造纸术向域外传播的说法中，正确的有（　　）。
A. 大约在公元 4 世纪传入朝鲜
B. 公元 5 世纪直接传入日本
C. 造纸术向西方传播，都是通过西域与丝绸之路
D. 造纸术先传入欧洲再传入北非
E. 公元 12 世纪开始，阿拉伯人用中国技术造纸，取代了羊皮纸

【提示】本题考查纸的国际影响。

【答案】1. A　2. AC

## 考点五：印刷术的发明和发展（熟悉）★

### 考点解析

表 3—5　　　　　印刷术的发明和发展

| 雕版印刷 | | 铅活字印刷术传入之前，雕版印刷一直是我国最主要的印刷方式 |
|---|---|---|
| 活字印刷 | 泥活字印刷 | 宋代毕昇发明了世界上最早的活字印刷术 |
| | 木活字印刷 | 明代《邸报》，清乾隆《武英殿聚珍版丛书》 |
| | 铜活字印刷 | 明代逐步成熟 |
| | 规模 | 无法解决重印问题，并未取代雕版印刷成为主流出版技术 |

49

续表

| | 版画艺术 | 融合绘画、雕版和印刷技术 |
|---|---|---|
| 套版印刷 | 饾版 | 按不同颜色分别勾摹,刻版逐色套印或叠印 |
| | "拱花"技术 | 效果富有立体感 |

### 典型例题

关于套版印刷的说法,错误的是( )。

A. 套版印刷由涂版印刷发展而来

B. 套版印刷术的发明使印刷进入彩印时代

C. 套版印刷术在明代后期已经广泛应用

D. 饾版不属于套版印刷

【答案】D

【提示】本题考查套版印刷的相关知识。

### 模拟练习

1. 关于活字印刷的说法,正确的有( )。

A. 世界上最早的活字印刷术是我国宋代毕昇发明的泥活字印刷

B. 活字印刷取代了雕版印刷

C. 活字印刷解决了重印问题

D. 木活字在12世纪末13世纪初已经在西夏广泛应用

E. 明代铜活字印刷已很普及,进入成熟期

【提示】本题考查活字印刷的相关知识。

2. 将彩色画稿按不同颜色分别勾摹下来,刻成一块一块的小木版,然后逐色依次套印或叠印,形成一幅完整的彩色画图,古代称为( )。

A. 套版   B. 拱花

C. 饾版　　　　　　　D. 套印

【提示】本题考查套版印刷的相关知识。

【答案】1. ADE　2. C

## 考点六：印刷术向域外的传播（了解）★

### 考点解析

**（一）印刷术的传播**

公元8世纪起，我国雕版印刷术陆续传入朝鲜、日本、越南等东亚、南亚地区，有可能在十一二世纪传入阿拉伯地区。欧洲14世纪才出现少量雕版印刷。

**（二）德国人发明铅活字印刷**

德国人约翰·古登堡于1445年发明铅活字印刷，比毕昇的泥活字印刷晚了约400年。

### 模拟练习

1. 雕版印刷于（　　）开始在欧洲出现。

A. 8世纪　　B. 10世纪　　C. 12世纪　　D. 14世纪

【提示】本题考查印刷术向域外的传播。

2. 关于印刷术向域外传播的说法，正确的有（　　）。

A. 从公元8世纪开始陆续传入东亚、南亚地区

B. 传入阿拉伯地区有可能在十一二世纪

C. 欧洲14世纪才出现少量雕版印刷

D. 毕昇发明了木质印刷机

E. 德国人约翰·古登堡发明了铅活字印刷

【提示】本题考查印刷术向域外的传播。

【答案】1. D　2. ABCE

## 考点七：中国古代图书的生产方式（熟悉）

**考点解析**

表 3—6　　　　　　　中国古代图书的生产方式

| | |
|---|---|
| 官刻 | ①由国家机构出资或主持的图书刻印活动<br>②我国最早的官刻本——《九经》 |
| 私刻 | ①出版主体是士人学者<br>②刻书多是出于崇尚学问、推广文化、传播知识<br>③非营利，校刻精审，质量较高 |
| 坊刻 | ①出版主体是书商，我国早期印刷品多为坊刻本<br>②南宋三大坊刻中心——两浙坊刻、福建坊刻、蜀中坊刻<br>③书坊刻书以市场需求为导向<br>④中国出版技术的发明和革新多出现于此<br>⑤反对翻版的观念始于宋代 |
| 寺院刻书 | 佛、道教典籍，生活用书，流行读物等 |

**典型例题**

关于古代刻书业的说法，正确的有（　　）。
A. 雕版印刷技术最早应用于官刻
B. 坊刻的出版主体是书商
C. 私刻的出版主体多为士人学者
D. 《九经》是我国最早的官刻本书籍
E. 寺院刻书并不局限于宗教典籍
【答案】BCDE
【提示】本题考查中国古代图书的生产方式。

### 模拟练习

1. 以崇尚学问、推广文化、传播知识为目的的中国古代图书生产方式是（　　）。
   A. 官刻　　　　　　　　B. 私刻
   C. 坊刻　　　　　　　　D. 寺院刻书

【提示】本题考查中国古代图书的生产方式。

2. 下列关于"官刻"的说法，正确的有（　　）。
   A. 始于五代冯道刻印《九经》
   B. 由中央政府所设专门机构统一组织，地方官府不得擅自进行
   C. 多以正经、正史为主，强调教化功能
   D. 官刻书往往字大行疏、开本阔大、纸墨精良、装潢铺陈
   E. 官刻本质量普遍优于私刻本

【提示】本题考查官刻的相关知识。

【答案】1. B　2. ACD

## 考点八：中国古代刻书业的编辑工作（熟悉）

### 考点解析

**（一）古代最初的编辑工作**

1. 最初的编辑工作主要是校勘。顾广圻是"清代校勘第一人"。

2. 最早的有关编辑出版业务工作条例是《相台书塾刊正九经三传沿革例》。

**（二）私家刻书**

1. 私刻的业主大都是有能力从事编纂、编辑、编选之事的学者。

2. 私家刻书聘专家校勘，以保证质量。

### 模拟练习

关于中国古代刻书业的编辑工作的说法，正确的有（　　）。

A. 最初的编辑工作主要是校勘
B. 小规模刻书主要由专人从事校勘工作
C. 私刻的业主往往是学者，有能力从事编辑之事
D. "清代校勘第一人"是顾广圻
E. 最早的有关编辑出版业务工作条例是《相台书塾刊正九经三传沿革例》

【提示】本题考查中国古代刻书业的编辑工作。
【答案】ACDE

## 考点九：中国古代图书的流通方式（了解）★

### 考点解析

表3—7　　　中国古代图书的流通方式

| 早期书市 | 西汉扬雄《法言·吾子》中最早记载"书肆"一词 |
|---|---|
| 印刷术发明后图书的流通 | ①从唐代中后期起，从事图书贸易的主体由书坊、私家扩大到官府<br>②宋代国子监设有书库官，负责刻书并售书<br>③北宋开封有相国寺书市，还有"鬼市子"<br>④清朝有苏州书市、成都书市、北京琉璃厂、泉州道口街书市 |

### 模拟练习

1. "书肆"一词最早出现在（　　）时期。
   A. 战国时期　　B. 秦代　　C. 西汉　　D. 晋代

【提示】本题考查早期书市的相关知识。

2. 下列关于印刷术发明后图书流通的说法中，错误的有（　　）。

A. 从唐代中后期起，图书贸易的客体开始由手抄书扩大到印本书

B. 从唐代中后期起，图书贸易的主体也由私家扩大到书坊

C. 随图书交易增加，图书交易场所、时间逐渐固定

D. 图书市场逐渐完善，经营手段逐渐多样化

E. 中国古代的图书贸易虽受小农经济和地域、交通诸因素的影响，但经营规模仍然很大

【提示】本题考查印刷术发明后图书的流通。

【答案】1. C　2. BE

## 考点十：近代中国印刷业对西方印刷技术的引进、应用与行业的发展（了解）★

### 考点解析

表3—8　近代中国印刷业对西方印刷技术的引进、应用与行业的发展

| | | |
|---|---|---|
| 西方印刷技术的引进与应用 | ①近代印刷技术传入<br>②石印技术兴盛<br>③铅印技术主导地位形成 | ①近代造字技术：威廉·姜别利发明"美华字"<br>②近代印刷技术：点石斋书局首次引进石印技术；申报馆引进机制纸印《申报》，并首先使用手摇平版机和单色轮转机；姜别利发明了元宝排字架 |
| 近代印刷业的发展 | ①国外先进的印刷设备和印刷技术被引进<br>②一些有实力的印刷企业开始根据汉字的特点对引进的印刷技术进行改进，并取得了一定成绩 | 1932年之前，商务印书馆印刷厂已是远东综合实力最强的印刷厂；中华书局印刷厂设备之完善号称远东第一 |

### 模拟练习

1. 1932年之前，我国综合实力最强的印刷厂是（　　）印刷厂。

  A．世界书局　　　　　　　B．中华书局

  C．商务印书馆　　　　　　D．大东书局

【提示】本题考查我国近代印刷业的发展。

2. 中国近代具有主导地位的印刷技术是（　　）。

  A．雕版印刷　　　　　　　B．铅印技术

  C．胶版印刷　　　　　　　D．丝网印刷

【提示】本题考查近代印刷技术的传入。

【答案】1．C　2．B

## 考点十一：新技术对图书装帧形态的影响（熟悉）★

### 考点解析

表3—9　　　新技术对图书装帧形态的影响

| 开本 | 统一采用32开或大32开 | |
|---|---|---|
| 设计 | 中文从右至左排，英语从左至右排 | 《无师自通英语录》首次改变了竖排设计 |
| 装帧 | 最终定格为统一的线装形式 | |

### 典型例题

1. 纸张普遍使用后的中国古代图书装帧形式有（　　）等。

  A．蝴蝶装　　　　　　　　B．圆籍精装

56

C. 骑马订装　　　　　　D. 包背装

E. 线装

【答案】ADE

【提示】本题考查新技术对图书形态的影响。

2. 清末民初，铅印本书刊的外部形式逐渐（　　）。

A. 改线装为平装　　　　B. 改包背装为平装

C. 改蝴蝶装为线装　　　D. 改卷轴装为线装

【答案】A

【提示】本题考查新技术对图书形态的影响。

## 模拟练习

1. 1884 年点石斋书局印制的（　　）开创了中文从右至左排的排版方式。

A. 《无师自通英语录》

B. 《天演论》

C. 《ABC 丛书》

D. 《万有书库》

【提示】本题考查新技术对图书形态的影响。

2. 随着石印、铅印技术的应用，我国书籍形态发生的新变化有（　　）。

A. 书刊整体设计意识加强

B. 图书可以双面印刷，出现了精装、平装的样式

C. 书的形态由左翻本变成右翻本

D. 开始使用新式标点符号

E. 最终定格为统一的蝴蝶装形式

【提示】本题考查新技术对图书形态的影响。

【答案】1. A　2. ABD

## 考点十二：早期传教士创办的出版机构（了解）

### 考点解析

1843年，英国传教士麦都思在上海成立墨海书馆，这是中国内地开办的第一个近代出版印刷机构。其他还有土山湾印书馆、申报馆、点石斋书局、益智书会、图书集成局、广学会等。

### 模拟练习

1. 中国内地开办的第一个近代出版印刷机构是（　　）。
   A. 申报馆
   B. 点石斋书局
   C. 土山湾印书馆
   D. 墨海书馆
   【提示】本题考查早期传教士创办的出版机构。
2. 以下出版机构是由传教士创办的有（　　）。
   A. 申报馆
   B. 广学会
   C. 图书集成局
   D. 大东书局
   E. 土山湾印书馆
   【提示】本题考查早期传教士创办的出版机构。
   【答案】1. D　2. ABCE

# 考点十三：晚清政府办的出版机构（熟悉）

**考点解析**

表3—10　　　晚清政府办的出版机构

| 地方官书局 | 金陵书局 | 利用政府的力量，大量刊刻传统文化典籍，以"中学"为主要内容，质量精良，价格低廉 |
|---|---|---|
| | 浙江官书局 | |
| | 北洋官书局 | |
| 洋务派创办的出版机构 | 京师同文馆 | |
| | 上海同文馆 | |
| | 海关总署造册所所设印刷厂 | 是中国最早具有外文排字能力的印刷机构 |
| | 南洋公学 | 其所附译书院出版的《蒙学课本》三编，是中国学校正式使用的第一种新式教科书 |
| | 福州船政学堂 | |
| | 江南机器制造总局翻译馆 | 是中国晚清时期译书最多、影响最大的翻译机构 |

**典型例题**

中国晚清时期译书最多、影响最大的翻译机构是(　　)。
A. 江南机器制造总局翻译馆　　B. 京师同文馆
C. 福州船政学堂　　　　　　　D. 上海南洋公学
【答案】A
【提示】本题考查洋务派创办的出版机构。

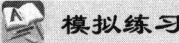 模拟练习

1. 关于洋务派创办的出版机构，以下表述正确的有（　　）。
   A. 洋务派创办的出版机构一般都是独立存在的
   B. 海关总署造册所所设印刷厂是中国最早具有外文排字能力的印刷机构
   C. 《开明课本》是中国学校正式使用的第一种新式教科书
   D. 洋务派创办的出版机构以京师同文馆和上海同文馆为代表
   E. 江南机器制造总局翻译馆是中国晚清时期译书最多的翻译机构

【提示】本题考查洋务派创办的出版机构。

2. 对晚晴时期地方官书局的表述，错误的是（　　）。
   A. 利用政府的力量　　　　B. 大量刊刻传统文化典籍
   C. 出版的图书价格昂贵　　D. 出版的图书质量精良

【提示】本题考查关于地方官书局的基础知识。

【答案】1. BDE　2. C

## 考点十四：近代民营出版机构的出现和发展概况（了解）

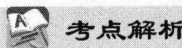 考点解析

表3—11　近代民营出版机构的出现和发展概况

| 民营出版机构的崛起 | 从初期的教会出版机构独步天下，到洋务运动兴起后官方出版与教会出版的并辔而行，再到20世纪初叶的民营出版主体地位的正式确立与形成 |
| --- | --- |

续表

| 上海成为中国出版中心 | 五大书局（商务印书馆、中华书局、世界书局、大东书局、开明书店）均在上海创办营业 |

### 典型例题

1. 下列近代出版机构中，民营的有（    ）。
   A. 京师同文馆　　　　　B. 商务印书馆
   C. 金陵书局　　　　　　D. 中华书局
   E. 大东书局
   【答案】BDE
   【提示】本题考查近代的民营出版机构。

2. 关于近代出版机构的说法，正确的有（    ）。
   A. 点石斋书局、申报馆等均为外国传教士在上海主持的出版机构
   B. 晚清地方官书局刻印了大量质量精良但价格昂贵的书籍
   C. 洋务派创办的出版机构以出版翻译作品为主
   D. 维新派所办出版机构出版了中国学校正式使用的第一种新式教科书
   E. 20世纪初期，民营出版的主体地位正式确立
   【答案】ACE
   【提示】本题考查我国近代的出版机构。

### 模拟练习

1. 中国近代的出版中心是（    ）。
   A. 苏州　　　B. 北京　　　C. 上海　　　D. 广州
   【提示】本题考查中国近代的民营出版机构。

2. 20世纪初，维新变法前后我国出版业的主体是(　　)。
A．教会出版　　　　　　　　B．官方出版
C．教会出版与官方出版并辔而行　　D．民营出版
【提示】本题考查近代民营出版机构的出现和发展。
【答案】1．C　2．D

## 考点十五：关于有影响的民营出版机构的知识（掌握）

 考点解析

表3—12　关于有影响的民营出版机构的知识

| | |
|---|---|
| 商务印书馆 | 由夏瑞芳、鲍咸恩、鲍咸昌、高凤池等人1897年合资在上海创办，开始以印刷为主；1902年成立编译所，由张元济主持；其发行体系遍及国内外；商务印书馆早期的出版业务主要有四类：一是大量编印教科书，二是大量翻译出版西方文化名著，三是出版新式工具书，四是兴办各种期刊 |
| 中华书局 | 由陆费逵、戴克敦、陈寅等人1912年在上海创办；出版《中华教育界》《中华小说界》《中华实业界》《中华童子界》《中华儿童画报》《大中华》《中华妇女界》《中华学生界》八大期刊，风行一时 |
| 世界书局 | 沈知方于1917年创办，在教科书、工具书、古籍、儿童读物、社会科学读物、人文科学读物、自然科学读物等主要出版领域均有一定的建树 |
| 大东书局 | 1916年由吕子泉等创办，出版中小学教科书以及法律、国学、科技、文艺等各类图书 |

续表

| | |
|---|---|
| 开明书店 | 1926年由章锡琛创办，其青少年读物和教科书深受读者的欢迎，特别是《中学生》杂志 |

### 典型例题

商务印书馆在民国初期就办有多种期刊，其中影响最大的是（　　）。

A.《东方杂志》　　　　B.《图书月报》

C.《小说月报》　　　　D.《中学生》

E.《万国公报》

【答案】AC

【提示】本题考查关于商务印书馆的基础知识。

### 模拟练习

1. 以下关于商务印书馆的表述，正确的有（　　）。

A. 商务印书馆开始就以出版业务为主

B. 商务印书馆在国外没有分馆

C. 商务印书馆影响最大的杂志是《东方杂志》和《小说月报》

D. 严复与林纾为商务印书馆翻译了很多西方文化名著

E. 商务印书馆在上海创办营业

【提示】本题考查关于商务印书馆的基础知识。

2. 世界书局的创始人是（　　）。

A. 陆费逵　　B. 沈知方　　C. 吕子泉　　D. 章锡琛

【提示】本题考查关于有影响的民营出版机构的知识。

【答案】1. CDE　2. B

## 考点十六：中国共产党领导的近代出版机构（熟悉）

### 考点解析

表3—13　　中国共产党领导的近代出版机构

| 出版机构名称 | 主要出版活动 | 备注 |
|---|---|---|
| 上海共产主义研究小组 | 创办了《共产党》《劳动者》《劳动音》等刊物，编印了《共产党宣言》等书 | 中国共产党成立以后，创办了《向导》《中国青年》等党团刊物 |
| 新青年社 | 陈独秀在上海设立，出版《新青年》杂志和《新青年丛书》，宣传马克思主义、共产主义 | |
| 人民出版社 | 中国第一次有组织有计划地系统出版马列主义著作，开拓了出版业的新领域 | |
| 中央出版局 | 出版报刊、书籍以及民众文化补习课本 | |
| 新华书店 | 1939年9月正式成立 | |
| 生活书店 | 由邹韬奋创办 | 1948年，合并成立生活·读书·新知三联书店 |

### 典型例题

1. 1949年以前，在上海成立的由共产党直接领导的出版机构有（　　）。

　　A. 开明书店　　　　　　B. 长江书店
　　C. 无产阶级书店　　　　D. 华兴书店
　　E. 人民出版社

【答案】CDE

【提示】本题考查中国共产党领导的近代出版机构。

2. 1932年，（  ）在上海创办了生活书店。

A. 廖仲恺　　B. 邹韬奋　　C. 艾思奇　　D. 薛暮桥

【答案】B

【提示】本题考查中国共产党领导的近代出版机构。

3. 1948年在香港合并成立的三联书店，由（  ）等出版机构合并组成。

A. 世界书局　　　　　　B. 生活书店

C. 开明书店　　　　　　D. 新知书店

E. 读书生活出版社

【答案】BDE

【提示】本题考查中国共产党领导的近代出版机构。

4. 下列书刊中，属于中国共产党在苏区和解放区出版的有（  ）等。

A.《解放》周刊　　　　B.《少年先锋》

C.《青年实话》　　　　D.《中华妇女界》

E. 蔡和森著《社会进化史》

【答案】ABC

【提示】本题考查中国共产党领导的近代出版机构。

### 模拟练习

1. 上海共产主义研究小组创办的刊物有（  ）。

A.《共产党》　　　　　B.《劳动者》

C.《新青年》　　　　　D.《劳动音》

E.《新青年丛书》

【提示】本题考查中国共产党领导的近代出版机构。

2. 1937年1月，党中央成立了由党的总书记张闻天等人负责的（  ），统一领导新闻宣传工作。

A．新华社　　　　　　B．解放社
C．中央党报委员会　　D．中央出版发行部

【提示】本题考查中国共产党领导的近代出版机构。

3．第一次有组织有计划地系统出版马列主义著作的出版机构是（　　）。

A．新青年社　　　　　B．人民出版社
C．中央出版局　　　　D．新华书店

【提示】本题考查由中国共产党领导的近代出版机构。

【答案】1．ABD　2．C　3．B

## 考点十七：国民党、文化团体办的近代出版机构（了解）

### 考点解析

早期有1922年的民智书局。1928年后又成立了新生命书局、独立出版社、正中书局、中国文化服务社等。其中正中书局成为当时六大出版机构之一。

文化团体曾是中国近代期刊编辑出版的主力军。如语丝社与《晨报副刊》，创造社与《创造季刊》，文学研究会与《小说日报》等。

### 模拟练习

1．以下不属于国民党创办的近代出版机构的是（　　）。

A．民智书局　　　　　B．华兴书店
C．正中书局　　　　　D．独立出版社

【提示】本题考查国民党办的近代出版机构。

2．在国民党创办的近代出版机构中，属于当时六大出版机

构之一的是（　　）。

A．正中书局　　　　　B．商务印书馆
C．民智书局　　　　　D．世界书局

【提示】本题考查国民党办的近代出版机构。

【答案】1．B　2．A

## 考点十八：近代重要的报纸、期刊品种和图书种类（掌握）

考点解析

表3—14　近代重要的报纸、期刊品种和图书种类

| 类别 | 内容 |
| --- | --- |
| 近代报纸 | ①《中外新报》是中国人主办的第一份近代报纸<br>②《申报》是中国近代历史最长、影响最大的报纸之一 |
| 近代期刊 | ①最早具有现代含义的中文期刊是《察世俗每月统记传》<br>②国内最早创办的现代中文期刊是《东西洋考每月统记传》<br>③《万国公报》是外国传教士所办最有影响的一种刊物<br>④《瀛寰琐记》是中国第一种文艺刊物<br>⑤梁启超任主笔的《时务报》是中国人办的第一种以时事政治为主的综合性刊物<br>⑥《亚泉杂志》是中国人创办的第一种自然科学杂志<br>⑦《东方杂志》是中国近代出版时间最长、最具影响的综合性杂志<br>⑧《图书月报》是中国第一种出版专业杂志 |
| 近代图书 | ①教科书与教育类图书<br>②翻译作品<br>③古籍<br>④工具书<br>⑤丛书 |

### 典型例题

1. 民国时期出版的大型工具书包括（　　）等。

   A.《辞源》　　　　　　　B.《二十五史》

   C.《辞通》　　　　　　　D.《中华大字典》

   E.《辞海》

   【答案】ACDE

   【提示】本题考查中国近代图书。

2. 为当时及后世所称道的民国时期出版的书目性工具书有（　　）等。

   A.《二十四史传目引得》

   B.《民国以来出版新书总目提要》

   C.《四库全书总目提要》

   D.《官书局书目汇编》

   E.《〈生活〉全国总书目》

   【答案】BDE

   【提示】本题考查中国近代图书。

3. 学术界一般认为，最早的具有现代含义的中文期刊是（　　）。

   A.《六合丛谈》　　　　　B.《万国公报》

   C.《察世俗每月统记传》　D.《时务报》

   【答案】C

   【提示】本题考查中国近代期刊。

4. 下列人物中，对西方作品的翻译或出版做出过较大贡献的有（　　）等。

   A. 林则徐　　B. 谭嗣同　　C. 严复

   D. 康有为　　E. 林纾

   【答案】ACE

【提示】本题考查中国近代图书。

5. 下列关于近现代出版物的表述中，正确的是（   ）。
A.《六合丛谈》是最早具有现代含义的中文期刊
B. 中华书局的《二十五史》是民国时期出版的古籍精品之一
C.《法意》是严复翻译的名著之一
D.《东方杂志》是中国近代出版时间最长的综合性杂志
E.《万国公报》是中国近代最有影响的一份中文报纸

【答案】CD

【提示】本题考查中国近代出版物。

6. 中国近代历史最长、最有影响的中文报纸之一是（   ）。
A.《申报》　　　　　　B.《上海新报》
C.《时务报》　　　　　D.《苏报》

【答案】A

【提示】本题考查中国近代报纸。

7. 中国人主办的第一份近代报纸是（   ）。
A.《申报》　　　　　　B.《上海新报》
C.《中外新报》　　　　D.《大公报》

【答案】C

【提示】本题考查中国近代报纸。

8. 近代较有影响的翻译作品包括（   ）等。
A.《瀛寰琐记》　　　　B.《天演论》
C.《訄书》　　　　　　D.《原富》
E.《鲁滨孙漂流记》

【答案】BDE

【提示】本题考查中国近代图书。

69

## 模拟练习

1. "七联处"包括（　　）等七家出版机构。
   A. 商务印书馆、文通书局
   B. 中华书局、开明书店
   C. 商务印书馆、长江书店
   D. 世界书局、正中书局、大东书局
   E. 世界书局、正中书局、华兴书店

   【提示】本题考查中国近代图书。

2. 对于民国时期的工具书出版，下列说法正确的是（　　）。
   A. 民国时期出版工具书1 400余种，超过了以往历代
   B. 《辞源》《辞海》等受学术界、文化界充分肯定
   C. 当时的专科大辞典有《中国植物学大辞典》
   D. 民国时期年鉴、索引的出版也有相当大的成绩
   E. 生活书店1936年出版的《〈生活〉全国总书目》广为世人称道

   【提示】本题考查中国近代图书。

3. 1858年伍廷芳创办的（　　）是中国人主办的第一份近代报纸。
   A. 《万国公报》
   B. 《察世俗每月统记传》
   C. 《时务报》
   D. 《中外新报》

   【提示】本题考查中国近代报纸。

   【答案】1. ABD　2. ABCD　3. D

## 考点十九：近代著作权法的颁布、修订与实施及出版行业协会组织的作用（了解）

### 考点解析

表3—15　近代著作权法的颁布、修订与实施及出版行业协会组织

| | |
|---|---|
| 近代著作权法的颁布、修订与实施 | ①严复、张元济、梁启超以及商务印书馆是近代中国著作权保护的先驱<br>②商务印书馆编译的《著作权考》介绍了西方著作权知识<br>③《大清著作权律》是中国历史上第一部著作权保护法律 |
| 出版行业协会组织 | ①北京书业商会<br>②上海书业商会<br>③上海著作权人公会<br>④中国著作权协会<br>⑤文化救国会<br>⑥中国文艺家协会 |

### 模拟练习

1. 1910年颁布的（　　）是中国历史上第一部著作权保护法律。

　　A.《大清著作权律》　　　　B.《大清出版法规》
　　C.《著作权法》　　　　　　D.《著作权管理条例》

【提示】本题考查近代著作权法的颁布、修订与实施。

2. 20世纪初期上海书业商会的主要负责人是（　　）。

　　A. 中华书局的陆费逵　　　B. 商务印书馆的夏瑞芳
　　C. 开明书店的叶圣陶　　　D. 三联书店的邹韬奋
　　E. 文明书局的俞复

【提示】本题考查出版行业协会组织。

【答案】1. A　2. BE

# 第四章　出版行政管理

## 基本要求

考点一：熟悉出版行政管理的概念与各级政府出版行政主管部门。

考点二：熟悉实施出版行政管理所依据的主要法律规范。

考点三：了解国家关于出版单位的设立、变更与注销登记的管理规定。

考点四：掌握出版专业职业资格制度。

考点五：了解领导岗位持证上岗制度。

考点六：了解出版单位年度核验制度。

考点七：熟悉年度出版计划备案制度。

考点八：掌握重大选题备案的手续。

考点九：掌握国家对书号、刊号的管理规定。★

考点十：掌握国家对出版物质量的管理规定。

考点十一：了解出版物样本送交制度。★

考点十二：掌握国家对书刊印刷和音像制品、电子出版物复制的管理规定。★

考点十三：熟悉国家对出版物市场的管理规定。★

考点十四：掌握国家对出版活动的扶持政策。

考点十五：熟悉国家对出版活动的奖惩措施。

（标有"★"号的，为非从事数字出版的其他出版专业技术人员应考内容）

## 考试内容

1. 出版行政管理的概念及其主管部门。

2. 实施出版行政管理所依据的主要法律规范。
3. 出版单位的设立、变更与注销登记。
4. 出版专业职业资格制度。
5. 领导岗位持证上岗制度。
6. 出版单位年度核验制度。
7. 年度出版计划备案制度。
8. 重大选题备案的手续。
9. 国家对书号、刊号的管理规定。
10. 国家对出版物质量的管理规定。
11. 出版物样本送交制度。
12. 国家对书刊印刷和音像制品、电子出版物复制的管理规定。
13. 国家对出版物市场的管理规定。
14. 国家对出版活动的扶持政策。
15. 国家对出版活动的奖惩措施。

## 考点一：出版行政管理的概念与各级政府出版行政主管部门（熟悉）

### 考点解析

表4—1　出版行政管理的概念与各级政府出版行政主管部门

| | 内容 | 备注 |
| --- | --- | --- |
| 出版行政管理的概念 | 政府有关部门依法对出版活动进行管理的行为 | |
| 各级政府出版行政主管部门 | 国务院出版行政主管部门：国家新闻出版广电总局 | 国务院及县级以上地方各级人民政府的其他相关部门，在各自职责范围内负责有关出版活动的监督管理工作。我国实行中央与地方分级管理 |
| | 各省、自治区、直辖市人民政府出版行政主管部门：省级新闻出版广电局 | |
| | 各省辖市、县人民政府对本行政区域内出版活动的监督管理：专设新闻出版广电局或由文化局或其他部门负责 | |

73

## 典型例题

我国出版行政管理实行中央和地方（　　）管理。
A. 交叉　　B. 双向　　C. 分级　　D. 立体
【答案】C
【提示】本题考查实施管理的出版行政管理部门。

## 模拟练习

以下不属于出版行政管理主管部门的是（　　）。
A. 国务院出版行政主管部门
B. 文化部
C. 县级以上地方各级人民政府出版行政主管部门
D. 县级以上地方各级人民政府其他有关部门
【提示】本题考查出版行政主管部门。
【答案】B

### 考点二：实施出版行政管理所依据的主要法律规范（熟悉）

## 考点解析

表4—2　实施出版行政管理所依据的主要法律规范

| | 内容 |
|---|---|
| 出版行政管理的立法依据 | ①《伯尔尼公约》《世界版权公约》<br>②《中华人民共和国宪法》<br>③我国其他法律<br>④我国刑法中对与出版有关的各种刑事犯罪及其行为人须承担的刑事责任的具体规定 |

续表

| | 内容 |
|---|---|
| 出版行政管理的重要法规 | ①《出版管理条例》<br>②《音像制品管理条例》<br>③《印刷业管理条例》<br>④《计算机软件保护条例》<br>⑤《中华人民共和国著作权法实施条例》<br>⑥《著作权集体管理条例》<br>⑦《信息网络传播权保护条例》<br>⑧《广播电台电视台播放录音制品支付报酬暂行办法》 |
| 出版行政管理的重要规章、规范性文件 | 部门规章：①《图书出版管理规定》<br>②《图书质量管理规定》<br>③《期刊出版管理规定》<br>④《音像制品出版管理规定》<br>⑤《电子出版物出版管理规定》<br>⑥《出版物市场管理规定》<br>⑦《出版专业技术人员职业资格管理规定》 |
| | 规范性文件：①《图书、期刊、音像制品、电子出版物重大选题备案办法》<br>②《书号实名申领管理办法》<br>③《关于严格禁止买卖书号、刊号、版号等问题的若干规定》<br>④《使用文字作品支付报酬方法》 |

 典型例题

下列文件中，属于出版行政法规的是（　　）。

A.《出版管理条例》　　B.《图书质量保障体系》
C.《出版物市场管理规定》　　D.《音像制品管理条例》
E.《期刊出版管理规定》

【答案】AD

【提示】本题考查出版行政管理的重要法规。

模拟练习

1. 在以下国际条约中,属于我国出版行政管理的法律依据的是( )。

A.《世界人权公约》
B.《商标国际注册马德里协定》
C.《伯尔尼公约》
D.《世界版权公约》
E.《专利合作条约》

【提示】本题考查出版行政管理的立法依据。

2.《信息网络传播权保护条例》属于( )。

A. 法律　　　　　　　　B. 行政法规
C. 部门规章　　　　　　D. 规范性文件

【提示】本题考查出版行政管理的重要法规。

3. 在以下法规中,( )是我国有关出版工作最基本、最重要的行政法规。

A.《中华人民共和国著作权法》
B.《印刷业管理条例》
C.《出版管理条例》
D.《音像制品管理条例》

【提示】本题考查出版行政管理的重要法规。

【答案】1. CD　2. B　3. C

## 考点三:国家关于出版单位的设立、变更与注销登记的管理规定(了解)

补充初级内容:设立出版单位应具备的条件和相关程序(了解)

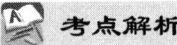

表4—3　设立出版单位应具备的条件和相关程序

| | 内容 |
|---|---|
| 设立出版单位的审批制度 | ①有出版单位的名称、章程<br>②有符合国务院出版行政部门认定的主办单位及其主管机关<br>③有确定的业务范围<br>④有符合国家规定的注册资本和固定的工作场所<br>⑤有适应业务范围需要的组织机构和符合国家所规定的资格条件的编辑出版专业人员<br>⑥其他条件 |
| 设立出版单位的程序 | ①获得国家新闻出版广电总局批准，领取出版许可证<br>②属于事业单位法人的，向事业单位登记管理机关登记。属于企业法人的，向工商行政管理部门登记<br>③经批准设立的互联网出版机构，还应持出版许可证到省级电信管理机构办理互联网接入服务等相关手续 |
| 未按期从事出版活动的处理 | 图书出版社、音像出版社、电子出版物出版社和互联网出版单位自登记之日起满180日未从事出版活动的，报社、期刊社自登记之日起满90日未出版报纸、期刊的，由原登记的省级新闻出版广电局注销登记 |

表4—4　国家关于出版单位的变更与注销登记的管理规定

| | 情况 | 措施 |
|---|---|---|
| 出版单位的变更规定 | 变更名称、主办单位或者其主管机关、业务范围，合并或者分立，出版新的报纸、期刊或者报纸、期刊变更名称 | 依照新设立出版单位的规定办理审批手续 |
| | 其他变更 | 向所在地省级新闻出版广电局申请变更登记，并报国家新闻出版广电总局备案后，相应地到原登记的事业单位登记管理机关或工商行政管理部门办理变更登记 |

77

续表

| | 情况 | 措施 |
|---|---|---|
| 出版单位中止出版活动的备案 | 中止出版活动 | 向所在地省级新闻出版广电局备案并说明理由和期限,不得超过180日 |
| 出版单位的注销登记 | 发生重大变化而主动停业,因经营不善、资不抵债而被迫停业,有违法行为而被吊销出版许可证 | 向所在地省级新闻出版广电局办理注销登记,并报国家新闻出版广电总局备案 |

### 典型例题

出版单位变更名称、主办单位或者其主管机关,应当( )。

A. 依新设立出版单位的规定办理审批手续
B. 经国家新闻出版广电总局审批同意
C. 将原有出版物做报废处理
D. 到原登记的工商行政管理部门办理相应的登记手续
E. 重新申请书号、刊号

【答案】ABD
【提示】本题考查出版单位的变更规定。

### 模拟练习

1. 按规定,经批准设立的互联网出版机构,还应持出版许可证到( )办理互联网接入服务等相关手续。

A. 国家电信管理机构
B. 国家邮政总局
C. 省级电信管理机构
D. 省级邮政局

【提示】本题考查设立出版单位的程序。

2. 以下应由国家新闻出版广电局审批的变更事项是（    ）。
   A. 将某出版社分拆成两个出版社
   B. 出版社更换社长
   C. 报刊社扩充业务范围
   D. 报刊社变更广告代理单位
   E. 报刊变更刊期
   【提示】本题考查出版单位的变更规定。

   3. 某省妇联主办的××妇女杂志社，其社长为适应新形势，进行一系列改革，以下应按照新设立出版单位的程序办理审批的是（    ）。
   A. 将××妇女杂志社改为××妇女出版传媒集团
   B. 将《××妇女》的刊期从月刊改成半月刊
   C. 《××妇女》改名为《丽人行》
   D. 到上海和北京设立分社，从事采编、广告、经营业务
   E. 针对老年妇女开办新刊《夕阳红》
   【提示】本题考查出版单位的变更规定。
   【答案】1. C  2. AC  3. ACDE

## 考点四：出版专业职业资格制度（掌握）

考点解析

表4—5　　　　出版专业职业资格制度

| | 内容 | 备注 |
|---|---|---|
| 出版专业职业资格制度的要求 | ①领导必须具有中级及以上出版专业职业资格<br>②责任编辑必须具有中级及以上出版专业职业资格<br>③专业技术工作的人员必须在到岗2年内取得出版专业职业资格证书 | |

79

续表

| | 内容 | 备注 |
|---|---|---|
| 出版专业职业资格的取得 | ①初级<br>②中级 | 实行全国统一考试制度 |
| | ③高级 | 实行评审制度 |
| 出版专业职业资格的报考条件 | ①遵守宪法和各项法律<br>②认真贯彻执行党和国家有关出版工作的方针、政策<br>③热爱出版工作，恪守职业道德<br>④学历和工作资历符合一定条件 | 不具有完全民事行为能力者、违反出版法规受到严厉惩处者、有刑事犯罪记录者不得申请参加出版专业职业资格考试 |
| 对出版专业职业资格获得者的管理 | 接受继续教育 | 职业资格续展登记的必备条件之一。每年时间累计不少于72小时 |
| | 职业资格登记 | 实行定期登记制度。登记分为首次登记、续展登记和变更登记三种情况 |
| | 责任编辑注册 | 流程：职业资格登记→责任编辑注册，取得证书→从事责任编辑工作 |
| | 对违规人员的处理 | 限制报考、取消职业资格、注销责任编辑证书 |

补充初级内容：职业资格登记的具体内容（掌握）

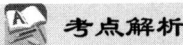

表 4—6　　　　　职业资格登记的具体内容

| | 内容要点 |
|---|---|
| 职业资格首次登记 | 提供出版专业职业资格证书原件、身份证复印件、职业资格登记申请表等证件 |
| 职业资格续展登记 | 每 3 年续展登记一次 |
| | 提供出版专业职业资格证书原件、职业资格续展登记申请表、近 3 年继续教育证明等证件 |
| | 职业资格登记失效后，按规定参加继续教育的，可以保留其 5 年内申请职业资格续展登记的资格 |
| 职业资格变更登记 | 已登记的出版专业技术人员变更出版单位或取得高一级职业资格的，应在 3 个月内按职业资格首次登记手续申请变更登记 |

补充初级内容：限制报考和取消职业资格的具体内容（掌握）

表 4—7　　　　限制报考和取消职业资格的具体内容

| | 违规情况 | 惩罚内容 |
|---|---|---|
| 限制报考 | ①故意毁坏试卷、答题纸、答题卡，或者将试卷、答题纸、答题卡带出考场<br>②伪造、涂改证件、证明，或者以其他不正当手段获取考试资格<br>③让他人冒名顶替参加考试<br>④本人离开考场后，在考试结束前，传播考试试题及答案<br>⑤与考试工作人员串通作弊或者参与有组织作弊<br>⑥利用通信工具、电子用品或者其他技术手段接收、发送与考试相关的信息 | 全部科目考试成绩无效，2 年内不得再次参加职业资格考试；情节特别严重，构成犯罪的，依法追究其刑事责任；收回资格证书、注销登记 |

81

续表

| | 违规情况 | 惩罚内容 |
|---|---|---|
| 取消职业资格 | ①抄袭、协助他人抄袭试题答案或者与考试内容相关的资料<br>②互相传递试卷、答题纸、答题卡、草稿纸等<br>③1年内造成3种以上图书不合格的直接责任者，或者连续2年造成图书不合格的直接责任者 | 今后不得从事出版专业技术工作，不得申请参加出版专业职业资格考试<br>取消其出版专业职业资格并注销登记，3年之内不得从事出版编辑工作 |

## 典型例题

1. 根据《出版专业技术人员职业资格管理暂行规定》，凡新进入出版单位担任社长、总编辑或主编（均含副职）职务的人员，应当具备中级以上（含中级）出版专业职业资格。无中级以上出版专业职业资格者，应当在到任后的（　　）年内通过中级以上的出版专业职业资格考试。否则，不能继续担任出版单位的上述领导职务。

A. 一　　　　B. 两　　　　C. 三　　　　D. 四

【答案】B

【提示】本题考查出版专业职业资格制度的要求。

2. 不得申请参加出版专业职业资格考试的情形包括(　　)等。

A. 每年参加继续教育的时间少于12天（或72小时）

B. 年度考核不合格

C. 取得大学专科学历，从事出版专业工作不满1年

D. 违反出版法规受到严厉惩处

E. 有刑事犯罪记录

【答案】DE

【提示】本题考查出版专业职业资格的报考条件。

3. 某大学讲师拟到一家专业期刊社担任副主编，为达到国家新闻出版广电总局规定的上岗条件，他应该（　　）。

A. 参加职称外语A级考试并合格

B. 参加出版专业中级职业资格考试并合格

C. 参加省级新闻出版行政部门举办的经营管理培训班不少于三个月
D. 参加新闻出版行业领导岗位培训并考试、考核合格
E. 接受著作权知识培训

【答案】BD

【提示】本题考查出版专业职业资格制度的要求。

4. 关于出版专业职业资格的说法，正确的有（　　）等。
A. 资格证书每三年续展登记一次
B. 资格获得者在一个登记期内有一次年度考核不合格者，缓登一年；在一个登记期内有两次年度考核不合格者，缓登两年
C. 因有情节严重的买卖书号行为而被注销责任编辑证书的人员，三年内不得申请责任编辑注册
D. 获得资格证书的人员，应在获得证书后三个月内申请职业资格登记，逾期一律不予登记
E. 已进行职业资格登记的人员，如变更出版单位，应在三个月内办理变更登记手续

【答案】ACE

【提示】本题考查职业资格登记。

5. 已经注册持有责任编辑证书的人员，若因违法而受到刑事处罚，将被注销责任编辑证书，并且（　　）不得从事出版专业技术工作。

A. 两年之内　　　　　　B. 三年之内
C. 五年之内　　　　　　D. 此后永远

【答案】D

【提示】本题考查对违规人员的处理。

6. 已经注册的责任编辑如果变更出版单位或者取得高一级职业资格，应当在（　　）个月内按照首次注册的具体规定申请办理变更注册手续。

A. 3　　　　B. 6　　　　C. 9　　　　D. 12

【答案】A

【提示】本题考查责任编辑的注册。

### 模拟练习

1. 出版专业技术人员是指（　　）。

A. 图书、网络出版单位的编辑人员
B. 音像制品、电子出版物出版单位的校对人员
C. 新闻性期刊出版单位的编辑人员
D. 报纸出版单位的校对人员
E. 非新闻性期刊出版单位的校对人员

【提示】本题考查出版专业技术人员的概念。

2. 出版专业技术人员每年参加继续教育的时间累计不少于72小时。其中接受国家新闻出版广电总局当年规定内容的面授形式继续教育不少于（　　）小时。

A. 12　　　　B. 24　　　　C. 36　　　　D. 48

【提示】本题考查出版专业职业资格获得者的继续教育。

3. 出版专业职业资格证书实行定期登记制度，登记分为（　　）等情况。

A. 首次登记　　B. 二次登记　　C. 退休登记
D. 续展登记　　E. 变更登记

【提示】本题考查职业资格登记。

【答案】1. ABDE　2. B　3. ADE

## 考点五：领导岗位持证上岗制度（了解）

### 考点解析

各单位领导都要参加岗位培训班，学完规定的全部课程，

并经考试、考核合格，方可取得《岗位培训合格证书》。该证书有效期为5年。单位领导持证上岗率应列入出版单位年度核验内容。

### 典型例题

某大学副教授拟到一家专业期刊社担任副主编，他应该在当年内或任职后的（　　）内参加相关岗位培训，获得《岗位培训合格证书》。

A. 半年　　　B. 一年　　　C. 两年　　　D. 三年

【答案】A

【提示】本题考查领导岗位持证上岗制度。

### 模拟练习

《岗位培训合格证书》的有效期是（　　）年。

A. 2　　　　B. 3　　　　C. 4　　　　D. 5

【提示】本题考查领导岗位持证上岗制度。

【答案】D

## 考点六：出版单位年度核验制度（了解）

### 考点解析

出版行政部门对出版单位实行年度核验制度。期刊出版单位的年度核验每年举行一次，图书出版社、音像制品出版社、电子出版物出版社的年度核验每两年进行一次。音像制品出版社、电子出版物出版社的暂缓年度核验期限为三个月，图书出版社暂缓期限为六个月。

85

## 典型例题

1. 在年检中被暂缓登记的图书出版单位，自发文之日起（　　）内经整顿仍达不到年检登记基本条件的，将被取消登记资格。

A. 一个月　　B. 三个月　　C. 六个月　　D. 一年

【答案】C

【提示】本题考查出版单位年度核验制度。

2. 图书出版单位的年度核验（　　）进行一次。

A. 每半年　　B. 每一年　　C. 每两年　　D. 每三年

【答案】C

【提示】本题考查出版单位年度核验制度。

## 模拟练习

1. 期刊出版单位的年度核验（　　）进行一次。

A. 每半年　　B. 每一年　　C. 每两年　　D. 每三年

【提示】本题考查出版单位年度核验制度。

2. 以下关于出版单位年度核验制度，表述正确的有（　　）。

A. 出版行政部门对出版单位实行年度核验制度

B. 音像制品出版社的暂缓年度核验期限为3个月

C. 电子出版物出版社的暂缓年度核验期限为6个月

D. 出版单位年度核验全部由国家新闻出版广电总局完成

E. 被暂缓年度核验的出版单位，应在暂缓期满时重新办理年度核验手续

【提示】本题考查出版单位年度核验制度。

【答案】1. B　2. ABE

## 考点七：年度出版计划备案制度（熟悉）

### 考点解析

年度选题计划是出版社准备在某一年度安排出版的产品计划。要求：应经所在地省级新闻出版广电局审核后报国家新闻出版广电总局备案。年度出版计划应在上年第四季度申报，增补选题应在发稿前1个月申报，特殊急件须随时报送审核。

### 典型例题

1. 年度选题计划审批和备案制度属于出版管理（　　）机制。
   A. 宏观调控　　　　　　B. 微观调控
   C. 布局调控　　　　　　D. 资金调整
   【答案】A
   【提示】本题考查年度出版计划备案制度。

2. 出版社在年度出版计划已经审核、备案后还要增补选题，如果（　　）将受到行政处罚。
   A. 在已经组稿后再报请备案
   B. 在发稿前一个月报请备案
   C. 先出版再报请备案
   D. 报请备案材料未明确说明复制数量
   【答案】C
   【提示】本题考查年度出版计划备案制度。

### 模拟练习

1. 年度出版计划备案制度属于保障图书质量的出版（　　）

中预报机制的组成部分之一。

  A．宏观调控　　　　　　B．微观调控

  C．布局调控　　　　　　D．资金调整

 【提示】本题考查年度出版计划备案制度。

 2．以下关于年度出版计划备案制度的说法，错误的是（　　）。

  A．应经所在地省级新闻出版广电局审核后报国家新闻出版广电总局备案

  B．年度出版计划应在上年第四季度申报

  C．特殊急件须随时报送审核

  D．增补选题应在发稿前两个月申报

 【提示】本题考查年度出版计划备案制度。

 3．以下属于保障图书质量的出版宏观调控机制中预报机制的组成部分之一的是（　　）。

  A．出版单位等级评估制度　　B．年度出版计划备案制度

  C．重大选题备案制度　　　　D．书号、刊号管理制度

  E．出版物样本送交制度

 【提示】本题考查年度出版计划预报机制。

 【答案】1．A　2．D　3．BC

## 考点八：重大选题备案的手续（掌握）

考点解析

表4—8　　　　　　重大选题备案的手续

| | 内容 |
|---|---|
| 重大选题备案的手续 | ①备案登记表<br>②备案申请报告<br>③选题、书稿、（或者文章、图片、样片、样带等）<br>④出版单位的上级主管部门或所在地党委宣传部门的审核意见 |

补充初级内容：需备案的重大选题范围及违反制度者应承担的法律责任（掌握）

 考点解析

表 4—9　需备案的重大选题范围及违反制度者应承担的法律责任

| | 内容 | 备注 |
|---|---|---|
| 重大选题备案制度 | 需备案的选题范围 | ①有关党和国家的重要文献选题<br>②有关党和国家主要领导人的选题<br>③涉及党和国家秘密的选题<br>④介绍政府机构和领导干部的选题<br>⑤涉及民族问题和宗教问题的选题<br>⑥涉及我国国防建设的选题<br>⑦涉及"文化大革命"的选题<br>⑧涉及中共党史的选题<br>⑨涉及国民党上层人物的选题<br>⑩涉及苏联、东欧情况等的选题<br>⑪涉及中国国界的各类地图选题<br>⑫涉及我国香港、澳门和台湾地区的选题<br>⑬大型古籍白话今译的选题<br>⑭引进版动画读物的选题<br>⑮各类"名录"的选题 |
| | 对违反制度者的处理 | ①无论内容有无问题，一律先停止出版发行<br>②由出版行政部门责令该出版单位按照规定办理申报备案手续，待查实问题后给予相应的行政处罚<br>③责成出版单位的上级主管部门对出版单位主要负责人给予行政处分 |

 典型例题

1. 下列选题中，须办理重大选题备案手续的有（　　）。

A. 《蒋介石传》　　　　　B. 《胡适文艺思想研究》
C. 《西藏旅游指南》　　　D. 《日本卡通漫画选》
E. 《伊斯兰教简史》

【答案】ADE

【提示】本题考查需备案的选题范围。

2. 下列选题中，需办理重大选题备案手续的是（　　）。

A. 《出版学概论》　　　　B. 《清朝史话》
C. 《出版物发行企业大全》　D. 《小学生心理常识》

【答案】C

【提示】本题考查需备案的选题范围。

3. 重大选题申报备案应当提交（　　）等。

A. 备案登记表
B. 备案申请报告
C. 备案选题的财务分析报告
D. 以出版丛书的名义出期刊
E. 出版单位的上级主管部门或所在地党委宣传部门的审核意见

【答案】ABE

【提示】本题考查重大选题备案的手续。

4. 关于重大选题备案的说法，正确的有（　　）。

A. 涉及民族问题的选题都应申报备案
B. 涉及地图的选题都应申报备案
C. 涉及国民党上层人物的选题都应申报备案
D. 涉及人体美术的选题都应申报备案
E. 涉及宗教问题的选题都应申报备案

【答案】ACE

【提示】本题考查重大选题备案。

## 模拟练习

1. 重大选题是指内容涉及（　　）等方面的选题。
   A. 国计民生　　　　B. 国家安全　　　　C. 国际威望
   D. 意识形态　　　　E. 社会安定
   【提示】本题考查重大选题的概念。

2. 以下应履行重大选题备案的是（　　）。
   A.《戏说"八荣八耻"》　　B.《红军打的十大败仗》
   C.《中国古代传奇人物》　　D.《云南省边贸地图》
   E.《香港民主浪潮》
   【提示】本题考查需备案的选题范围。

3. 如出现违反重大选题备案办法的行为，出版社主要负责人应该（　　）。
   A. 给予罚款　　　　　　B. 没收违法所得
   C. 给予行政处分　　　　D. 追究刑事责任
   【提示】本题考查对选题违规行为的处理。
   【答案】1. BE　2. BDE　3. C

## 考点九：国家对书号、刊号的管理规定（掌握）

### 考点解析

表4—10　　国家对书号、刊号的管理规定

| 国家对书号、刊号的管理规定 | ①书号、刊号不能相互替代使用<br>②书号、刊号不得"一号多用"<br>③逐步实施书号实名申领制度<br>④严禁买卖书号、刊号 |
|---|---|

91

## 补充初级内容：书号、刊号管理的具体规定（掌握）

### 考点解析

表4—11　　　　书号、刊号管理的具体规定

| 书号、刊号管理 | ①书号、刊号、版号不能相互替代使用 | ①禁止用书号出版期刊<br>②禁止用刊号出版图书<br>③禁止用电子出版物专用的书号或刊号出版纸介质图书或期刊 |
|---|---|---|
| | ②禁止"一号多用" | ①每种不同形式的图书应分别使用书号<br>②多卷书、丛书、成套书的书号使用，应根据该书的定价方式确定<br>③一个刊号只能对应出版一种期刊<br>④同一内容，不同载体形态、格式的电子出版物，应当分别使用不同的书号 |
| | ③严禁买卖书号、刊号 | |

### 典型例题

1．"以书代刊"的行为有（　　）等。

A．出版有关期刊编辑技术的图书

B．以书号出期刊

C．出卖书号给他人出期刊

D．以出版丛书的名义出期刊

E．将期刊中的相关作品汇编在一起用书号出版

【答案】BCD

【提示】本题考查国家对书号、刊号的管理规定。

2．以丛书的名义在同一年内连续出版名称相同、属性相同、只以某种序列号相互区分的出版物，属于（　　）的行为。

A. 买卖书号　　　　　　B. 以书代刊
C. 一号多用　　　　　　D. 多号连用
【答案】B
【提示】本题考查国家对书号、刊号的管理规定。

## 模拟练习

1. 对于实施"一号多用"行为的出版单位，一律按违反出版行政管理规定给予（　　）等处罚。

A. 警告　　　　　　　　B. 没收所得利润
C. 罚款　　　　　　　　D. 责令限期停业整顿
E. 由原发证机关吊销许可证
【提示】本题考查书号、刊号管理。

2. 中国标准书号由以 ISBN 为前缀的（）数字组成。

A. 3段、15位　　　　　B. 4段、14位
C. 5段、13位　　　　　D. 6段、12位
【提示】本题考查书号、刊号管理。
【答案】1. AC　2. C

## 考点十：国家对出版物质量的管理规定（掌握）

### 考点解析

表4—12　　　国家对出版物质量的管理规定

| 图书质量 | 项目 | 内容 | 内容、编校、设计、印制四项均合格的图书，其质量属合格。有一项不合格的图书，其质量属不合格 |
| --- | --- | --- | --- |
| | | 编校 | |
| | | 设计 | |
| | | 印制 | |
| | 等级 | 合格 | |
| | | 不合格 | |

93

续表

| 图书质量监督检查 | 随机性抽查 | ①出版社自查，省局和主管单位抽查<br>②总局抽查 |
|---|---|---|
| 对图书质量的奖惩措施 | 奖励 | 对在图书质量检查中被认定为成绩突出的出版单位和个人，出版行政主管部门将给予表扬和奖励 |
| | 处罚 | ①对内容不合格图书的处罚<br>②对编校质量、印制质量不合格图书的处罚<br>③对不合格图书直接责任者的处罚 |

## 补充初级内容：图书质量的标准及其检查方法（掌握）

 考点解析

表4—13　　图书质量的标准及其检查方法

| 图书质量标准 | 内容质量标准 | 以《出版管理条例》第25条、第26条的相关规定为依据 |
|---|---|---|
| | 编校质量标准 | 合格与否以差错率是否不超过万分之一为依据。图书编校质量差错主要包括文字差错、标点符号差错和其他符号差错、格式差错三类 |
| | 设计质量标准 | 封面、扉页、插图等设计有一项不符合国家规定即为不合格 |
| | 印制质量标准 | 是否符合我国出版行业标准《印刷产品质量评价和分等导则》 |

## 典型例题

1. 内容、设计、编校质量均合格,印刷装订质量不合格的成品图书,其总体质量等级为（　　）。

   A. 基本合格　　B. 中等　　C. 合格　　D. 不合格

   【答案】D

   【提示】本题考查关于图书质量的分级。

2. 对于不能保证图书质量者的惩处有（　　）等。

   A. 对出版编校质量不合格图书的出版单位,由省级以上新闻出版行政部门予以警告
   B. 对出版编校质量不合格图书的出版单位,可以处以3万元以下罚款
   C. 对编校质量不合格的图书,出版单位必须自检查结果公布之日起30天内全部收回
   D. 对不合格图书的具体责任者均处以罚款和行政处分
   E. 1年内造成3种以上图书质量不合格的直接责任者,3年之内不得从事出版编辑工作

   【答案】ABCE

   【提示】本题考查对图书质量的奖惩措施。

3. 由出版行政主管部门注销责任编辑证书,是对持有编辑证书人员出现（　　）等情形的处罚。

   A. 参与买卖书号、刊号等违反出版法规行为,情节严重
   B. 担任责任编辑的出版物存在内容质量、编校质量等方面的违法问题,情节严重
   C. 连续两次年度考核达不到岗位职责要求
   D. 担任责任编辑的出版物污损严重
   E. 担任责任编辑的出版物印制质量不合格

   【答案】ABC

【提示】本题考查对违规人员的处理。

## 模拟练习

1. 图书编校质量合格与否，以差错率是否不超过（　　）为依据。

　　A. 万分之五　　　　　　B. 万分之三
　　C. 万分之二　　　　　　D. 万分之一

【提示】本题考查图书质量标准。

2. 在图书编校质量差错中，"阿拉伯数字与汉语数字不规范"属于（　　）。

　　A. 文字差错
　　B. 标点符号差错和其他符号差错
　　C. 格式差错
　　D. 排版差错

【提示】本题考查图书校编质量差错。

3. 图书设计质量的检查范围包括（　　）。

　　A. 正文　　B. 封面　　C. 扉页
　　D. 插图　　E. 目录

【提示】本题考查图书设计质量标准。

4. 对出版了内容不合格图书的行为人，给予的行政处罚不包括（　　）。

　　A. 责令限期停业整顿
　　B. 没收出版物及违法所得
　　C. 警告
　　D. 罚款

【提示】本题考查对图书质量的奖惩措施。

【答案】1. D　2. A　3. BCD　4. C

## 考点十一：出版物样本送交制度（了解）★

### 考点解析

出版单位发行其出版物前，应按规定向中国国家图书馆、中国版本图书馆和国务院出版行政主管部门免费送交样本。中国国家图书馆、中国版本图书馆：保存、收藏出版物以便进行文化积累和开展信息服务。国务院出版行政主管部门：样本备案、审读样本。

### 典型例题

出版单位发行其出版物前，应当按照国家有关规定向（　　）等机构免费送交样本。

A. 国家档案馆　　　　B. 国家图书馆
C. 中国版本图书馆　　D. 中国历史博物馆
E. 国务院出版行政主管部门

【答案】BCE
【提示】本题考查出版物样本送交制度。

### 模拟练习

1. 国务院出版行政主管部门获得样书的目的在于（　　）。
   A. 作为行政处罚依据　　B. 审读样本
   C. 保存、收藏出版物　　D. 开展信息服务

【提示】本题考查出版物样本送交制度。

2. 出版物样本送交制度中负责样本备案、审读样本的单位是（　　）。

A. 中国国家图书馆
B. 中国版本图书馆
C. 国务院出版行政主管部门
D. 国家新闻出版广电总局

【提示】本题考查出版物样本送交制度。
【答案】1. B 2. C

## 考点十二：国家对书刊印刷和音像制品、电子出版物复制的管理规定（掌握）★

 考点解析

表4—14　　国家对书刊印刷和音像制品、电子出版物复制的管理规定

| | | |
|---|---|---|
| 关于书刊委托印刷的规定 | 对书刊出版单位的规定 | 不得委托非书刊印刷企业、正受罚的书刊印刷企业承印书刊 |
| | 对印刷企业的规定 | 必须验证并收存出版单位盖章的印刷委托书，并在印刷前报出版单位所在地省级新闻出版广电局备案 |
| 对音像制品、电子出版物复制活动的管理 | 对出版单位的规定 | 必须出示出版许可证、营业执照副本、复制委托书和出版单位取得的授权书，并依法签订合同 |
| | 对复制单位的规定 | ①验证复制委托书及其他法定文书<br>②若属于非卖品或者软件，应当验证省局核发并由委托单位盖章的复制委托书<br>③接受委托复制境外产品的，应当报省局批准，复制产品除样品外应全部出境<br>④复制业务档案保存期为两年 |

续表

| 光盘类出版物的 SID 码 | 举例：IFPI R200 | "IFPI"：国际唱片业协会英文缩写 |
| --- | --- | --- |
| | | "R2"：复制单位代码 |
| | | "00"：模具顺序编号 |

### 典型例题

1. 下列有关 SID 码的表述中，正确的是（　　）。

A. SID 码是光盘复制序次码的简称

B. 每一家复制企业都有一个特定的统一 SID 码

C. SID 码由复制单位按有关技术标准设定

D. 每张正式出版的激光视盘的内圈都压有 SID 码

【答案】D

【提示】本题考查光盘类出版物的 SID 码。

2. 我国对印刷复制单位的设立实行（　　）制度。

A. 资格认证　　　　　　B. 许可

C. 申报备案　　　　　　D. 登记

【答案】B

【提示】本题考查关于书刊委托印刷的规定。

3. 书刊出版单位委托印刷企业印刷书刊，应当按照国家有关规定向印刷企业（　　）。

A. 提交印刷材料

B. 提交印刷委托书

C. 按估计工价总额的 30% 支付定金

D. 出示著作权登记证明

【答案】B

【提示】本题考查关于书刊委托印刷的规定。

## 模拟练习

1. 在以下印刷经营活动中,个人不得从事的是(　　)。

   A. 书刊排版、制版　　　　B. 书刊装订
   C. 书刊印刷　　　　　　　D. 复印、影印、打印

   【提示】本题考查关于书刊委托印刷的规定。

2. 河北省保定市某书刊印刷定点厂接受北京某出版社的某本图书的印刷业务,委托印刷书必须事先报(　　)备案。

   A. 北京市新闻出版广电局
   B. 国家新闻出版广电总局
   C. 河北省新闻出版广电局
   D. 保定市文化广电新闻出版局

   【提示】本题考查关于书刊委托印刷的规定。

3. 音像、电子出版物出版单位委托复制单位复制产品,应当出示(　　)。

   A. 出版许可证　　　　　　B. 复制经营许可证
   C. 营业执照正本　　　　　D. 复制委托书
   E. 出版单位取得的授权书

   【提示】本题考查对音像制品、电子出版物复制活动的管理。

4. 以下按规定音像、电子出版物复制单位可以从事的行为是(　　)。

   A. 接受非音像出版单位、非电子出版物出版单位或者个人的委托复制经营性的音像制品、电子出版物
   B. 自行复制音像制品、电子出版物、音像非卖品、电子出版物非卖品
   C. 批发、零售、出租音像制品
   D. 接受委托复制境外音像制品

【提示】本题考查对音像制品、电子出版物复制活动的管理。

5. 在某 SID 码"IFPI R200"中,"R2"代表的是（　　）。

A. 国际唱片业协会英文名称缩写

B. 复制单位代码

C. 模具顺序编号

D. 电子出版物出版单位代码

【提示】本题考查光盘类出版物的 SID 码。

【答案】1. C　2. C　3. ADE　4. D　5. B

## 考点十三：国家对出版物市场的管理规定（熟悉）★

 考点解析

表 4—15　　　　国家对出版物市场的管理规定

| | |
|---|---|
| 关于出版物批发和零售的规定 | 从事出版物批发业务，须经省级新闻出版广电局审核许可，持有出版物经营许可证。从事出版物零售业务，须经县级人民政府出版行政主管部门审核许可，持有出版物经营许可证 |
| | 国家允许设立从事图书、报纸、期刊、电子出版物批发和零售业务的中外合资经营企业、中外合作经营企业。允许设立从事音像制品批发、零售业务的中外合作经营企业 |
| | 批发、零售中小学教科书，应当经国家新闻出版广电总局批准 |
| | 批发、零售进口出版物，必须从依法设立的出版物进口经营单位进货 |
| 关于出版物进口的规定 | 出版物进口业务由依照《出版管理条例》设立的出版物进口经营单位经营；其他单位和个人不得从事出版物进口业务 |

### 典型例题

1. 我国对出版物发行单位的设立实行（　　）制度。
   A. 登记　　　B. 许可　　　C. 备案　　　D. 认证
   【答案】B
   【提示】本题考查关于出版物市场管理的一般规定。

2. 民营图书批发公司不得从事（　　）等发行活动。
   A. 直接从国内各地出版社进货
   B. 办理图书进出口业务
   C. 批销供研究用的进口音像制品
   D. 向个体书摊批发出版物
   E. 办理邮购出版物业务
   【答案】BC
   【提示】本题考查关于出版物批发和零售的规定。

### 模拟练习

1. 国家允许设立从事音像制品发行活动的（　　）。
   A. 中外合资经营企业　　　B. 中外合作经营企业
   C. 外资企业　　　　　　　D. 外国非营利性机构
   【提示】本题考查关于出版物批发和零售的规定。

2. 从事出版物发行业务的单位或者个人须将出版物发行进销货清单等有关非财务票据保存（　　）年以上，以备查验。
   A. 一　　　B. 两　　　C. 三　　　D. 四
   【提示】本题考查关于出版物批发和零售的规定。

3. 关于出版物进口的规定，正确的有（　　）
   A. 出版物进口业务由依照《出版管理条例》设立的出版单位经营

B. 出版物进口经营单位负责对其进口的出版物进行审查
C. 省级以上出版行政主管部门可直接对进口出版物进行内容审查
D. 出版物进口经营单位不可随意在境内举办境外出版物展览

【提示】考查关于出版物进口的规定。

【答案】1. B  2. B  3. BCD

## 考点十四：国家对出版活动的扶持政策（掌握）

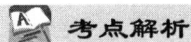

| 表4—16 | 国家对出版活动的扶持政策 | | |
|---|---|---|---|
| 实行优惠的税收政策 | ①增值税先征后退<br>②免征图书发行增值税 | | |
| 扶持教科书的出版发行 | ①从制度上确保教科书出版发行秩序<br>②在政策和物质上支持教科书的出版发行 | | |
| 扶持少数民族语言文字出版与盲文出版 | | 对少数民族语言文字出版活动的扶持 | ①设立用于资助图书出版的出版基金<br>②适当调剂民文出版社的专业分工<br>③加强民文出版发行队伍培训<br>④建立全国民文出版重点选题规划审定委员会 |
| | | 对盲文出版活动的扶持 | ①将已发表作品改成盲文出版，可以不向著作权人支付报酬<br>②对盲文出版社给予优惠 |
| 扶持在农村和特殊地区发行出版物 | ①县以下新华书店和供销社在本地销售出版物免征增值税<br>②我国少数民族县的新华书店贷款年利率可享受一定的优惠<br>③凡发往少数民族省（区）的一般图书的发行折扣率应较低<br>④建立一般图书发行专项基金，主要用于农村图书的发行 | | |

续表

| 组织和扶持重大出版工程 | 出版公共服务体系 | 农家书屋工程 |
| --- | --- | --- |
| | | 全民阅读工程 |
| | | 国家重大出版工程 |
| | | 少数民族新闻出版东风工程 |
| | 重大科技工程项目 | 国家数字复合出版系统工程 |
| | | 数字版权保护技术研发工程 |
| | | 中华字库工程 |
| 设立专项基金 | ①国家出版基金<br>②中央文化产业发展专项资金 | |

### 典型例题

国家保障教科书出版、发行的政策之一是（  ）。

A. 在价格上实行低价微利、亏损补贴

B. 书号使用数量不限，条码免收费用

C. 减征营业税 30%

D. 贷款利率享受一定的优惠

【答案】A

【提示】本题考查扶持教科书的出版、发行。

### 模拟练习

1. 财政部、国家税务总局对（  ）的增值税实行先征后退税的政策。

A. 科技书刊　　　　　　B. 少儿图书

C. 少儿报刊　　　　　　D. 中小学教科书

E. 老年图书

【提示】本题考查国家对出版物实施优惠的经济政策。

2. 某出版社出版有下列出版物,其中(　　)的销售收入可以享受增值税先征后退100%的政策优惠。

A.《孕产妇食谱》　　　　B.《计算机病毒大全》

C.《小学生》周刊　　　　D.《妇女世界》半月刊

【提示】本题考查国家对出版物实施优惠的经济政策。

3. 目前,国家设立的专项出版基金项目不包括(　　)。

A. 宣传文化发展专项资金

B. 中华字库工程

C. 中央文化产业发展专项资金

D. 国家出版基金

【提示】本题考查国家对出版物设立专项基金。

4. 国家大力构建出版公共服务体系,组织实施了(　　)等重大出版工程。

A. 中华字库工程　　　　B. 农家书屋工程

C. 国家重大出版工程　　D. 全民阅读工程

E. 国家数字复合出版系统工程

【提示】本题考查国家组织和扶持的重大出版工程。

【答案】1. CD　2. C　3. B　4. BCD

## 考点十五：国家对出版活动的奖惩措施(熟悉)

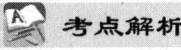考点解析

表4—17　　　　国家对出版活动的奖惩措施

| | | |
|---|---|---|
| 对优秀者的褒奖 | 对优秀出版物的鼓励 | |
| | 对优秀者的奖励 | 中国出版政府奖(新闻出版领域最高奖) |
| | | "五个一工程"奖 |

105

续表

| | | |
|---|---|---|
| 对优秀者的褒奖 | 对优秀者的奖励 | 中华优秀出版物奖 |
| | | 韬奋出版奖 |
| | | 其他奖励及表彰活动 |
| 对违法者的惩戒 | ①对擅自从事出版物经营活动者的惩戒 | 行政处罚、刑事责任 |
| | ②对违反关于出版物禁载内容规定的违法者的惩戒 | 行政处罚、刑事责任 |
| | ③对非法出版中小学教科书者的惩戒 | 行政处罚 |
| | ④对买卖书号、刊号者的惩戒 | 行政处罚 |
| | ⑤对违规委托印刷或复制行为者的惩戒 | 行政处罚 |
| | ⑥对实施其他违法行为者的惩戒 | 行政处罚 |
| | ⑦对出版行政工作人员违法行为的惩戒 | 刑事责任、行政处分 |

## 典型例题

中共中央宣传部主办的"五个一工程"的子项奖"一本好书奖"奖给（　　）类图书。

A．科学普及　　　　　　B．实用科技
C．文艺　　　　　　　　D．经济管理

【答案】C

【提示】本题考查国家对出版活动的奖励。

## 模拟练习

1. 以下应由中国出版工作者协会主持评选的奖项是（　　）。

  A. 先进出版单位奖　　　B. "五个一工程"奖
  C. 印刷复制奖　　　　　D. 优秀出版科研论文奖
  E. 韬奋出版奖

【提示】本题考查国家对出版活动的奖励。

2. "优秀出版科研论文奖"由（　　）主持评选。

  A. 中共中央宣传部　　　B. 国家新闻出版广电总局
  C. 中国出版工作者协会　D. 韬奋基金会

【提示】本题考查国家对出版活动的奖励。

3. 国家新闻出版广电总局开展了"三个一百"原创图书工程评选活动，分为（　　）三个大类。

  A. 科学技术类（含科普读物）
  B. 少数民族语言文字类
  C. 动漫类
  D. 人文社科类
  E. 文艺少儿类

【提示】本题考查国家对出版活动的奖励。

4. 对非法出版中小学教科书者的惩戒包括（　　）。

  A. 警告　　　　　　　　B. 没收出版物及违法所得
  C. 罚款　　　　　　　　D. 限期停业整顿
  E. 由原发证机关吊销许可证

【提示】本题考查国家对出版活动的惩戒。

5. 出版单位未依照国家规定送交样本，应受到的惩戒包括（　　）。

  A. 责令改正　　　　　　B. 给予警告

107

C. 罚款　　　　　　　　D. 限期停业整顿
E. 由原发证机关吊销许可证

【提示】本题考查国家对出版活动的惩戒。

【答案】1. DE　2. C　3. ADE　4. BCDE　5. ABDE

# 第五章  出版社经营管理

## 基本要求

考点一：了解出版社经营管理的含义。
考点二：掌握出版社经营的目标。
考点三：了解出版社经营的决策。
考点四：了解出版社管理的职能和种类。
考点五：熟悉出版社的管理信息化。
考点六：了解出版社计划管理的作用。
考点七：熟悉出版社计划管理的内容。
考点八：掌握出版社的图书质量管理。
考点九：熟悉出版社的用人制度。
考点十：掌握关于专业技术职务岗位聘用制度的知识。

考点十一：了解出版社的岗位培训、人力资源开发和分配激励机制。

考点十二：了解出版社财务管理的目标、内容和成本管理。

考点十三：掌握出版社的纳税管理。
考点十四：熟悉出版社的发行渠道建设和客户管理。★

（标有"★"号的，为非从事数字出版的其他出版专业技术人员应考内容）

## 考试内容

1. 出版社经营管理的含义。

2. 出版社经营的目标和决策。
3. 出版社管理的职能和种类。
4. 出版社的管理信息化。
5. 出版社计划管理。
6. 出版社的图书质量管理。
7. 出版社的用人制度和专业技术职务岗位聘用制度。
8. 出版社的岗位培训、人力资源开发和分配激励机制。
9. 出版社财务管理的目标和内容。
10. 出版社的成本管理和纳税管理。
11. 出版社的发行渠道建设和客户管理。

## 考点解析

### 考点一：出版社经营管理的含义（了解）

出版社经营管理是出版社根据党和国家的出版方针，适应消费者的需求和出版物市场的变化，采取相应对策，以取得良好社会效益和经济效益为目的，筹划、配置资源，组织出版物生产与销售等一系列活动的总称。

### 模拟练习

出版社经营管理（　　）。
A. 只以经济收益为目的
B. 必须适应消费者的需求和出版市场的变化
C. 只包括筹划和资源配置
D. 只包括出版社生产与销售

【提示】本题考查出版经营管理的基本概念。

【答案】B

## 考点二：出版社经营的目标（掌握）

### 考点解析

表 5—1　　　　　　出版社经营目标

| | |
|---|---|
| 社会效益 | 传承和发展优秀文化 |
| 出书定位 | 明确出版领域和读者定位 |
| 合理的出书规模和结构 | 出书规模体现为目标期间内的出书总品种和总字数<br>出书结构包括出书门类比例和门类中各个层次的比例 |
| 市场占有率与品牌地位 | 指标有发行总码洋、销售总收入、目标市场占有率、出书质量等级、出版社评估等级等 |
| 赢利能力 | 获得经济效益的状况体现为赢利能力，通常以利润率、资产保值增值率、销售利润率等指标来表示 |
| 发展速度 | 它的指标有年出版量增长速度、经济效益提高速度、出版规模扩大的水平、产品开发和创新的水平、管理和技术能力优化的程度、职工工资和福利待遇提高的程度等 |
| 人力资源开发 | 人力资源开发的指标有各类人员的合理结构比例、高水平专业人员的比例、员工队伍整体素质的提高、员工培训费用的投入、人员流动比例等 |

### 典型例题

1. 图书出版社经营的目标体系包括（　　）等。
   A. 出书规模与结构　　　B. 出书定位
   C. 岗位设置　　　　　　D. 赢利能力
   E. 获奖品种

   【答案】ABD
   【提示】本题考查出版经营管理的目标。

2. 图书出版社经营的基本目标包括（　　）等。

A. 多出好书

B. 提高社会效益

C. 增加具有高级专业技术职务的人才数量

D. 增强经济实力

E. 改善办公条件

【答案】ABD

【提示】本题考查出版经营管理的目标。

3. 出版社经营的目标不包括（　　）。

A. 出书定位

B. 合理的出书规模和结构

C. 读者的知识结构

D. 赢利能力

【答案】C

【提示】本题考查出版经营管理的目标。

4. 出版社的出书规模体现为目标期内的（　　）。

A. 出书总品种数和总字数

B. 经济效益

C. 市场占有率

D. 发展速度

【答案】A

【提示】本题考查出版经营管理的目标。

5. 图书出版社的品牌形象地位是指出版社的（　　）等。

A. 出书总体特色

B. 大众读物出版总量

C. 中外名著出版总量

D. 出书品种数

E. 代表性图书在读者中的形象地位

【答案】AE

【提示】本题考查出版经营管理的目标。

### 模拟练习

出版社的出书结构包括（　　）等。
A. 出书门类及其在市场上占有率的比例
B. 初版书、再版书以及重印书的比例
C. 重点图书开拓与一般图书生产的比例
D. 中文图书和外文图书的比例
E. 编译图书和原创图书的比例

【提示】本题考查出版社的出书结构。
【答案】BC

## 考点三：出版社经营的决策（了解）

### 考点解析

决策过程包括七个步骤：确定目标、明确问题、找出原因、收集分析数据、提出方案、方案评价与选优、方案实施与监控。

### 模拟练习

出版社经营决策的七大步骤为（　　）。
A. 确定目标、明确问题、找出原因、提出方案、收集分析数据、方案评价与选优、方案实施与监控
B. 确定问题、明确目标、找出原因、收集分析数据、提出方案、方案评价与选优、方案实施与监控
C. 确定问题、明确目标、找出原因、提出方案、收集分析数据、方案评价与选优、方案实施与监控
D. 确定目标、明确问题、找出原因、收集分析数据、提出

方案、方案评价与选优、方案实施与监控

【提示】本题考查出版社经营决策的步骤。

【答案】D

## 考点四：出版社管理的职能和种类（了解）

### 考点解析

（一）出版社管理的基本职能

出版社管理的基本职能包括领导职能、组织职能、计划职能、控制职能等。

（二）出版社管理种类

1. 按管理范围划分：整体管理、具体环节管理、项目管理。
2. 按管理对象划分：计划管理、财务管理、生产管理、营销管理、质量管理、人力资源管理、信息管理、固定资产管理、著作权事务管理、行政管理等。

### 典型例题

按管理范围划分，出版社管理可以分为整体管理、具体环节管理和（　　）。

A. 个别管理　　　　B. 效益管理
C. 项目管理　　　　D. 具体指标管理

【答案】C

【提示】本题考查出版社管理的种类。

### 模拟练习

按管理活动对象划分，出版社管理可以分为（　　）。

A. 计划管理和财务管理
B. 营销管理和行政管理
C. 生产管理和质量管理
D. 人力资源管理和信息管理
E. 人力资源管理和版权贸易管理

【提示】本题考查出版社管理的种类。

【答案】ABCD

## 考点五：出版社的管理信息化（熟悉）

 考点解析

表5—2　　　　　　　出版社的管理信息化

| | |
|---|---|
| 管理信息化的目的 | 通过信息管理系统可以把图书出版各个环节的综合信息集成起来，使出版社的信息流、资金流、物流、工作流充分并合理地集成和整合；同时利用现代的技术手段来寻找潜在客户，从而有效地支撑出版社的决策系统，不断提高出版社管理的效率和水平，实现资源的优化配置，达到降低成本、降低库存、提高出版效能和出版质量，进而提高出版社的社会效益、经济效益和市场竞争力 |
| 管理信息化的作用 | ①提高出版社经营管理信息的准确性和及时性，有助于提高决策的科学化水平<br>②促使出版社各业务流程的优化，使工作程序和管理程序更加合理，从而有助于增强出版社的快速应变反应能力<br>③进一步促进出版社各类资源的合理组合与利用，在现有条件下达到最佳利用效果，从而大大提高出版社的生产经营效率和管理效率 |

续表

| | |
|---|---|
| 管理信息化的作用 | ④为出版社提供一个强大、快捷的信息交流平台,共享业务信息,从而有助于出版社的创新、发展<br>⑤可以大大减轻专业技术人员和管理人员的工作强度,提高出版社管理工作效率 |
| 出版社的 ERP 系统 | ERP 即企业资源计划。它是以信息技术为基础,遵循系统化的管理思想,为优化出版社的各项业务而提供的管理平台 |

 模拟练习

出版社管理信息化的作用是（　　）。
A. 提高出版社经营管理信息的准确性和及时性
B. 促使出版社各业务流程的优化
C. 大大减轻专业技术人员和管理人员的工作强度,提高出版社管理工作效率
D. 进一步促进出版社各类资源的合理组合与利用,在现有条件下达到最佳利用效果
【提示】本题考查出版社管理信息化
【答案】ABCD

## 考点六：出版社计划管理的作用（了解）

 考点解析

出版社的计划,主要是出版社根据既定的经营目标要求,从各个方面对整个图书生产与经营所作的全面安排。出版社计划管理的具体作用主要体现在以下四个方面：①优化出书结构；②确定出书规模；③全面整合营销；④协调全社行动。

 典型例题

1. 出版社计划的主要作用在于能够（  ）等。
A. 保证全员上岗　　　　B. 确定出书规模
C. 强化计算机技术的应用　D. 优化出书结构
E. 协调全社行动
【答案】BDE
【提示】本题考查出版社计划管理的作用。

2. 出版社的计划一般是根据既定的（  ）要求，对整个出版物生产与经营所作的全面安排。
A. 编辑制度　　　　　　B. 出版流程
C. 经营目标　　　　　　D. 质量指标
【答案】C
【提示】本题考查出版社计划管理的基本概念。

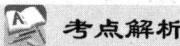 模拟练习

以下不属于出版社计划管理的具体作用的是（  ）。
A. 优化出书结构　　　　B. 确定出书规模
C. 人力资源管理　　　　D. 协调全社行动
【提示】本题考查出版社计划管理的作用。
【答案】C

## 考点七：出版社计划管理的内容（熟悉）

考点解析

根据所订计划涉及时期的长短，出版社的计划可分为长期

117

的（三年、五年、十年甚至更长）、年度的、季度的或月度的，而年度计划是重点。根据计划的类型，则可分为编（选题、发稿）、印（印制、出书）、发（销售）、财务（投入、产出）等专项计划。

表5—3　　　　　出版社计划管理

| | | |
|---|---|---|
| 选题计划 | 年度选题计划 | 同出书计划、发稿计划、印制计划一起，成为出版社一年的生产计划，可操作性强 |
| | 长期选题计划 | 一般有三年规划、五年规划，也有长达十年的规划 |
| 年度出书计划 | 初版（新书）、再版书出书计划 | 以重印书所占比例大些为好，但初版、再版书太少，会让读者产生"品种过旧"的印象 |
| | 重印书出书计划 | |
| | 两部分图书的比例把握 | |
| 发稿计划 | ①发稿计划偏重于介绍图书主要内容、说明发稿时间和估计字数，不需要填写印张等条目<br>②发稿计划与出书计划、选题计划形成"梯队"结构 | |
| 印制计划 | 装帧设计和图版制作、排胶、印订以及印制材料备料等分计划 | |
| 营销计划 | 全年宣传推广活动安排、全年广告投放安排、全年图书销售计划等 | |
| 财务计划 | 出版社在年度或其他计划期间的经济效益，最终要通过以货币反映的有关财务计划来体现 | |

### 典型例题

1. 出版社的年度出书计划一般要列出（　　）等。
   A．总品种数　　　　　　　　　B．编辑总人数

C. 发行总册数      D. 总印数

E. 总印张

【答案】ADE

【提示】本题考查出版社计划管理的具体内容。

2. 出版社计划管理的重点是（　　）。

A. 月度计划      B. 季度计划

C. 年度计划      D. 长期计划

【答案】C

【提示】本题考查出版社计划管理的具体内容。

3. 选题计划有年度选题计划和（　　）两种。

A. 月度选题计划      B. 双月选题计划

C. 长期选题计划      D. 周期选题计划

【答案】C

【提示】本题考查出版社计划管理的具体内容。

4. 图书出版社的发稿计划中，需要填写（　　）等项目。

A. 书稿主要内容介绍      B. 样本数量

C. 发稿时间      D. 估计字数

E. 估计印张

【答案】ACD

【提示】本题考查出版社计划管理的具体内容。

 模拟练习

1. 初版、再版书的出书计划中应包括可能在计划年度内出版的在制品和（　　）。

A. 可能在计划年度内出版的自投稿

B. 可能在计划年度内出版的选编稿

C. 可能在计划年度内出版的已来稿

D. 可能在计划年度内出版的修订稿

【提示】本题考查出版社计划管理的具体内容。

2. 以下关于出版社计划管理的说法正确的是（　　）。
A. 出版社的选题计划有年度选题计划和长期选题计划两种
B. 出版社的长期计划是最重要的
C. 出版社在年度或其他计划期间的经济效益，最终要通过以货币反映的有关财务计划来加以体现
D. 在出版社的年度出书计划中，初版和再版书比重印书要重要
E. 发稿计划偏重于介绍图书主要内容以及把握发稿时间和估计字数，不需要填写印张等条目

【提示】本题考查出版社计划管理的具体内容。
【答案】1. C　2. ACE

# 考点八：出版社的图书质量管理（掌握）

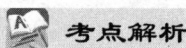

图书质量包括两个方面：①与图书所载内容和编校质量有关，涉及图书在政治性、思想性、科学性、知识性、艺术性、结构合理性、语言文字规范性等方面的表现；②与图书的形式有关，涉及图书在整体设计、印制、材料等方面的表现。由于图书的社会影响主要是通过所载内容和编校质量来体现的，所以图书质量管理应以前者为重点。

（一）质量是出版社的生命线
1. 高质量图书能够净化人们的灵魂。
2. 高质量图书能够传之久远。
3. 高质量图书能够体现出精神产品的丰富价值。它有很高的使用价值和文化积累价值，同时还可具有观赏价值和收藏价值。
4. 高质量图书能够获得"双效益"，有利于树立出版社的

良好形象。

（二）出版物质量管理措施

1. 基本制度：①选题集体论证制度；②选题报请审核备案制度；③三级审稿责任制度；④责任编辑制度和编辑持证上岗制度；⑤责任校对制度和"三校一读"制度；⑥出书后的评审制度。

2. 其他几项制度：①重要选题图书外审制度，适用于需申报备案的重大选题稿件，还适用于学术性、专业性强的选题；②各学科交叉审读制度，多适用于大型工具书的选题；③专家通读制度及专项检查制度，这一制度对确保大型工具书的编校质量尤其必要。

（三）高度重视社会监督机制的作用

社会监督机制包括出版行业协会监督、其他社会团体监督、读者监督和社会舆论监督等。

## 典型例题

1. 各学科交叉审读制度多适用于（　　）。
A. 大型辞书　　　　　　B. 古籍整理
C. 教科书　　　　　　　D. 学术图书

【答案】A

【提示】本题考查出版社的图书质量管理制度的相关概念。

2. 出版社在编辑出版大型工具书时，通常要增加执行（　　）等。
A. 专项检查制度　　　　B. 付印清样审读制度
C. 专家通读制度　　　　D. 样本试印制度
E. 专项选题报批制度

【答案】AC

【提示】本题考查出版社的图书质量管理制度。

3. 一般图书的专业校对应不少于三个校次，并至少（　　）一次。

A. 抽读　　B. 解读　　C. 通读　　D. 机读

【答案】C

【提示】本题考查出版社的图书质量管理制度。

4. 出版社图书质量管理的基本制度有（　　）等。

A. 选题报请审核备案制度

B. 选题集体论证制度

C. 编校人员聘用审批制度

D. 市场动态监测制度

E. 三级审稿责任制度

【答案】ABE

【提示】本题考查出版社的图书质量管理制度。

5. 与图书内容、编校质量有关的质量管理制度有（　　）。

A. 编辑持证上岗制度　　B. 编校合一制度

C. 印制监督制度　　D. 出书后的评审制度

E. 责任校对制度

【答案】ADE

【提示】本题考查出版社的图书质量管理制度。

### 模拟练习

在以下图书选题中，不适用于重要选题图书外审制度的是（　　）。

A. 大型工具书选题　　B. 重大选题稿件

C. 学术性选题　　D. 专业性选题

【提示】本题考查出版社的图书质量管理制度。

【答案】A

## 考点九：出版社的用人制度（熟悉）

 考点解析

表5—4　　　　　出版社的用人制度

| 劳动聘用制度 | 确定出版社与劳动者的人事关系 | 企业实行全员劳动合同制 |
|---|---|---|
| 岗位聘用制度 | 明确单位员工的具体工作岗位和相应的责、权、利，并以出版社与员工签订岗位聘任合同的形式确定 | |
| 选人用人公开招聘和考试制度 | 人才市场中介机构，各种人才交流活动 在各类媒体上发布相关信息 | |

 典型例题

以聘用制为基础的出版社用人制度包括（　　）等。
A．劳动聘用制度
B．解聘辞聘制度
C．岗位聘用制度
D．专业技术人员轮岗制度
E．选人用人公开招聘和考试制度
【答案】ACE
【提示】本题考查出版社用人制度的相关知识。

 模拟练习

以下关于出版社用人制度的说法正确的是（　　）。
A．岗位聘用制度的要点是确定出版社与劳动者的人事关系

B. 劳动聘用制以出版社与员工签订劳动聘任合同的形式确定
C. 劳动聘用制度的要点是明确单位员工的具体工作岗位和相应的责、权、利
D. 出版社一般实行全员劳动合同制

【提示】本题考查出版社用人制度的相关知识。

【答案】D

## 考点十：关于专业技术职务岗位聘用制度的知识（掌握）

### 考点解析

它的特点是将任职资格与用人单位的具体聘用分离。其聘用取消终身制，用人单位聘用时规定聘用时间。实施专业技术职务岗位聘用，要注意两个问题：

1. 坚持科学的结构比例。以编辑工作岗位为例，编审、副编审、编辑、助理编辑四个职级的比例为1:2:5:2。

2. 有明确的专业技术岗位职责要求。要以承担任务的实际需要为依据。

### 模拟练习

在出版社中，编审、副编审、编辑、助理编辑这四个编辑职级的合理比例为（　　）。

A. 2:2:4:3　　　　　　　　B. 1:2:3:2
C. 1:2:5:2　　　　　　　　D. 1:3:4:1

【提示】本题考查出版社专业技术职务岗位聘用制度的相关知识。

【答案】C

考点十一：出版社的岗位培训、人力资源开发和分配激励机制（了解）

### 考点解析

（一）岗位培训和人力资源开发
（二）形式多样、自主灵活的分配激励机制
出版社的分配制度有：实行岗位工资制，采取固定工资与效益工资相结合的分配方式，实行年薪制，重奖突出贡献者，等等。

### 模拟练习

岗位培训主要是对职工按岗位需要进行（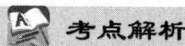）。
A．理论培训　　　　　B．定量培训
C．定向培训　　　　　D．技能培训
【提示】本题考查出版社的岗位培训的具体内容。
【答案】C

考点十二：出版社财务管理的目标、内容和成本管理（了解）

### 考点解析

表5—5　　　　　　　出版社的财务管理

| 出版社财务管理 | 在坚持社会效益，实现社会效益与经济效益相结合的前提下，实现利润最大化 |
| --- | --- |
| | 主要包括筹资、投资和剩余分配三个方面 |

续表

| | |
|---|---|
| 出版社的成本管理 | 对图书出版的资金耗费（投入）和图书出售后的资金回收（产出）进行比较，其差额即为图书出版的经济效益 |

 模拟练习

出版社财务管理的内容有（　　）。
A．筹资　　　　　　　　B．销售安排
C．投资　　　　　　　　D．预测市场资金流向
E．剩余分配
【提示】本题考查出版社财务管理的相关知识。
【答案】ACE

## 考点十三：出版社的纳税管理（掌握）

 考点解析

表 5—6　　　　　　　　出版社的纳税管理

| | | | |
|---|---|---|---|
| 增值税 | 当期含税销售额 | 某个月出版社销售出版物所获得的总收入 | |
| | 当期不含税销售额 | 将某个月含税销售额中所包含的增值税税款分离出去后，所剩下的出版社应获取的销售收入部分 | 当期不含税销售额＝当期含税销售额÷（1＋增值税率） |
| | 当期销项增值税额 | 按照当期不含税销售额和规定的增值税率计算的增值税额 | 当期销项增值税额＝当期不含税销售额×增值税率 |

续表

| | | | |
|---|---|---|---|
| 增值税 | 当期进项增值税额 | 出版社购进货物或者接受应税劳务时所负担（即购进）的增值税额 | |
| | 当期累计进项增值税额 | 当期进项增值税额与此前未抵扣完而剩余的进项增值税额之和 | |
| | 当期应纳增值税额 | 某个月实际应该缴纳的增值税额，即当期销项增值税额扣除当期累计进项增值税额后的差额 | 当期应纳增值税额 = 当期销项增值税额 - 当期累计进项增值税额 |
| | 除挂历的销售收入适用17%的税率外，其他出版物销售收入采用13%的低税率 | | |
| 营业税 | 出版社的营业税纳税项目，主要是书刊销售之外与出版活动相关的一些业务收入 | | 应纳营业税额 = 有关营业收入额 × 税率 |
| 所得税 | 企业所得税 | 税率为25% | 应纳税额 = 应纳税所得额 × 税率 |
| | 个人所得税 | 若个人稿酬总收入不超过4 000元，扣除800元的免税额后，按20%的税率计征，并减征税款30% | 应纳个人所得税额 = （稿酬总收入额 - 800）× 20% × （1 - 30%） |
| | | 若个人稿酬总收入超过（含）4 000元，扣除20%的免税额后，按20%的税率计征，并减征税款30% | 应纳个人所得税额 = 稿酬总收入额 × （1 - 20%）× 20% × （1 - 30%） |
| 附加税费 | 城市维护建设税为7%和教育费附加为3% | | 应纳税额 = 当期应纳增值税额（或营业税额）× 税率 |
| 其他税收 | 主营业务以外的一些收入也要按规定缴纳相应的税金，还要缴纳房产税、土地使用税、车船使用税、印花税等 | | |

## 典型例题

1. 对出版单位销售书刊的收入按（　　）的税率计征增值税。
A. 17%　　B. 15%　　C. 13%　　D. 11%
【答案】C
【提示】本题考查增值税的相关知识。

2. 出版社在具体计算某一期间须缴纳的增值税额时，应考虑的项目包括（　　）等。
A. 当期不含税销售额　　B. 当期所得税额
C. 当期含税销售额　　　D. 当期附加税费
E. 当期进项增值税额
【答案】ACE
【提示】本题考查增值税的相关知识。

3. 出版社需缴纳的城市维护建设税，以当期实际缴纳的增值税额、营业税额为基数按（　　）的税率计征。
A. 4%　　B. 5%　　C. 6%　　D. 7%
【答案】D
【提示】本题考查附加税费的相关知识。

4. 出版社的图书销售收入应缴纳增值税，其税率是（　　）。
A. 7%　　B. 13%　　C. 17%　　D. 20%
【答案】B
【提示】本题考查增值税的相关知识。

5. 国家规定，稿酬收入适用比例税率，税率为（　　），并按应纳税额减征30%的税款。
A. 30%　　B. 25%　　C. 20%　　D. 15%
【答案】C
【提示】本题考查个人所得税的相关知识。

6. 除缴纳增值税之外，出版社一般还需缴纳（　　）等。

A. 企业所得税 B. 投资调节税
C. 车船使用税 D. 奖金税
E. 印花税

【答案】ACE

【提示】本题考查其他税费的相关知识。

7. 图书出版社应缴纳的税费有（　　）等。

A. 增值税 B. 企业所得税
C. 水资源税 D. 教育费附加
E. 投资调节税

【答案】ABD

【提示】本题考查出版社应缴税费的范围。

8. 出版社需缴纳的企业所得税，以应纳税所得额为纳税基数计征，其税率为（　　）。

A. 33% B. 25% C. 17% D. 5%

【答案】B

【提示】本题考查企业所得税的相关知识。

9. 出版社的（　　）等应缴纳营业税。

A. 著作权贸易收入 B. 图书销售收入
C. 广告收入 D. 期刊销售收入
E. 房产出租收入

【答案】ACE

【提示】本题考查营业税的相关知识。

## 模拟练习

1. 出版社应缴纳的附加税费分别是教育费附加和（　　）。

A. 房产税 B. 土地使用税
C. 印花税 D. 城市维护建设税

【提示】本题考查出版社附加税费的具体内容。

2. 对出版单位挂历的收入按（　　）的税率计征增值税。
A. 17%　　　B. 13%　　　C. 15%　　　D. 11%
【提示】本题考查出版社增值税的相关内容。
【答案】1. D　2. A

## 考点十四：出版社的发行渠道建设和客户管理（熟悉）★

### 考点解析

（一）发行渠道建设
1. 渠道建设要积极主动，体现出版社自身的特点。
2. 深入挖掘各种渠道的价值。
3. 布局合理，逐步完善，长线短线相结合。
4. 有重点地开发渠道。
5. 构建系统全面的渠道网络。

（二）客户管理
1. 强化服务意识。
2. 不断创新，与时俱进。
3. 加强客户管理的信息化。
4. 要充分调动客户的积极性。

### 模拟练习

1. 出版社的发行管理体现在渠道建设和（　　）两个方面。
A. 客户管理　　　　　B. 人员管理
C. 内部管理　　　　　D. 外部管理
【提示】本题考查出版社发行管理的相关知识。
2. 出版社的发行渠道建设包括（　　）。
A. 渠道建设要积极主动，体现出版社自身特点

B. 强化服务意识
C. 布局合理,逐步完善,长线短线相结合
D. 有重点地开发渠道
E. 不断创新,与时俱进

【提示】本题考查出版社发行渠道建设的相关知识。

3. 客户管理应注意(　　)等几个方面。

A. 重视客户作用　　　　B. 强化服务意识
C. 不断创新,与时俱进　　D. 加强客户管理的信息化
E. 要充分调动客户的积极性

【提示】本题考查出版社客户管理的相关知识。

【答案】1. A　2. ACD　3. BCDE

# 第六章　出版物市场

## 基本要求

考点一：熟悉出版物市场的概念和构成要素。

考点二：熟悉出版物市场竞争。

考点三：掌握出版物消费者的需求特点、购买行为特点及其影响因素。

考点四：掌握出版物市场需求的特征和影响因素。

考点五：熟悉出版物市场细分的概念和作用。

考点六：掌握出版物市场细分的程序。

考点七：掌握选择目标市场时应考虑的问题。

考点八：熟悉目标市场的进入策略和定位策略。

考点九：掌握市场调查的内容和程序。

考点十：了解市场预测的内容和方法。

考点十一：掌握市场营销的策略。

考点十二：了解主要的国际书展。

## 考试内容

1. 出版物市场的概念及其构成要素。

2. 出版物市场竞争。

3. 出版物消费者的需求特点、购买行为特点及其影响因素。

4. 出版物市场需求的特征和影响因素。

5. 出版物市场细分的概念、作用和程序。

6. 目标市场的选择和进入策略、定位策略。

7. 市场调查的内容和程序。
8. 市场预测的内容和方法。
9. 市场营销策略。
10. 主要的国际书展。

### 考点一：出版物市场的概念和构成要素（熟悉）

**考点解析**

表6—1　　　出版物市场的概念和构成要素

| 出版物市场的概念 | 狭义：是指具有一定场地和设施的出版物交易场所 |
| --- | --- |
| | 广义：是指出版物商品交换关系的总和，包括出版物的供给者和需求者在出版物商品交换过程中相互作用而形成的各种关系 |
| 出版物市场的构成要素 | ①出版物商品供给者<br>②出版物商品<br>③出版物商品需求者<br>④出版物市场信息 |

 典型例题

1. 除出版物商品供给者外，出版物市场的构成要素还包括（　　）等。
   A. 一定数量的作者队伍　　B. 出版物商品
   C. 印刷复制设备供应者　　D. 出版物商品需求者
   E. 出版物市场信息
   【答案】BDE
   【提示】本题考查出版物市场的构成要素。

2. 下列场所中，不属于狭义的出版物市场组成部分的是（　　）。
   A. 书店　　　　　　　　　B. 图书订购会

133

C. 物流中心　　　　　　　D. 报刊亭

【答案】C

【提示】本题考查出版物市场的概念。

### 模拟练习

1. 关于出版物市场的概念，下列表述错误的是（　　）。
   A. 是出版物商品交换关系的总和
   B. 是出版物商品交换的场所
   C. 是消费者对出版物的现实需求和潜在需求
   D. 是出版物供给者之间相互作用形成的各种关系

【提示】本题考查出版物市场的概念。

2. 出版物市场信息包括生产信息、发行信息、需求信息和（　　）等。
   A. 商品信息　　　　　　B. 价格信息
   C. 顾客信息　　　　　　D. 成本信息

【提示】本题考查出版物市场的构成要素。

【答案】1. D　2. B

## 考点二：出版物市场竞争（熟悉）

 考点解析

表 6—2　　　　　　　　出版物市场竞争

| | |
|---|---|
| 出版物市场竞争 | 品种竞争（是市场竞争的基础，是最基本的竞争方式） |
| | 质量竞争（往往能较长时间稳固占领市场） |
| | 价格竞争（是最原始的竞争手段） |
| | 宣传竞争（宣传力、宣传艺术、宣传速度的竞争） |
| | 服务竞争（为消费者提供各种优良的服务） |

## 典型例题

1. 出版物商品竞争主要包括（　　）等。
   A. 品种竞争　　　　B. 质量竞争
   C. 价格竞争　　　　D. 服务竞争
   E. 计划竞争
   【答案】ABCD
   【提示】本题考查出版物市场竞争。

2. 出版物商品竞争除服务竞争外，还包括（　　）等几个方面。
   A. 消费水平竞争　　B. 质量竞争
   C. 品种竞争　　　　D. 价格竞争
   E. 宣传竞争
   【答案】BCDE
   【提示】本题考查出版物市场竞争。

3. 某出版社发现对外汉语教学类图书有较大的市场空间，拟把这一类选题作为出书方向。该社宜采用的竞争手段有（　　）等。
   A. 品种竞争　　　　B. 质量竞争
   C. 服务竞争　　　　D. 价格竞争
   E. 赢利率竞争
   【答案】ABCD
   【提示】本题考查出版物市场竞争。

4. 最基本的出版物商品竞争方式是（　　）。
   A. 品种竞争　　　　B. 物流竞争
   C. 服务竞争　　　　D. 宣传竞争
   【答案】A
   【提示】本题考查出版物市场竞争。

## 模拟练习

1. 积极开展出版物宣传，让消费者对相应出版物的优点有充分的认识，是打开市场的重要手段之一。宣传竞争包括（    ）。

   A. 宣传手段的竞争　　　　　B. 宣传方式的竞争
   C. 宣传力的竞争　　　　　　D. 宣传艺术的竞争
   E. 宣传速度的竞争

   【提示】本题考查出版物市场竞争。

2. 下列不属于出版物商品竞争的是（    ）。

   A. 品种竞争　　　　　　　　B. 质量竞争
   C. 价格竞争　　　　　　　　D. 计划竞争

   【提示】本题考查出版物市场竞争。

   【答案】1. CDE　2. D

## 考点三：出版物消费者的需求特点、购买行为特点及其影响因素（掌握）

### 考点解析

表6—3　　　出版物消费者的需求特点与购买行为特点

| 出版物消费者的需求 | ①求知和学习的需求<br>②精神和情感的需求<br>③娱乐和消遣的需求 | |
|---|---|---|
| 出版物消费者的购买行为 | 何时购买 | 对出版物的不同需要会制约人们决定何时购买 |
| | 何处购买 | ①便捷<br>②权威<br>③选择余地大<br>④服务和环境 |

续表

| 出版物消费者的购买行为 | 如何购买 | 指消费者在决定购买后所采取的购买方式 |
|---|---|---|
| | 谁去购买 | 发起者、影响者、决策者、执行者和使用者 |

表6—4　影响出版物消费者购买行为的因素

| 经济因素 | ①出版物价格<br>②消费者经济收入 |
|---|---|
| 社会文化因素 | ①社会阶层因素<br>②文化和亚文化因素<br>③相关群体因素 |
| 企业形象和品牌因素 | 品牌的影响体现如下：<br>①消费者一旦对某一出版物品牌予以信赖，则该消费者将成为此一品牌出版物的忠实购买者<br>②品牌具有强刺激效果，使消费者在繁多的出版物种中能够较容易地被吸引住<br>③品牌是针对某一消费者群体的品牌，因而其市场定位稳定，便于相关消费者购买 |

 模拟练习

影响出版物消费者购买行为的因素有（　　）。
A. 经济因素　　　　　　B. 社会阶层因素
C. 企业形象和品牌因素　D. 出版物价格
【答案】ABCD
【提示】本题考查影响出版物消费者购买行为的因素，包括各类因素中的具体知识点。

## 考点四：出版物市场需求的特征和影响因素（掌握）

**考点解析**

表6—5　出版物市场需求的特征和影响因素

| | |
|---|---|
| 出版物市场需求的特征 | ①无限扩展性<br>②多样性<br>③层次性<br>④可诱导性<br>⑤专指性<br>⑥伸缩性<br>⑦区域性<br>⑧时效性 |
| 影响出版物市场需求的因素（客观因素） | ①政治因素<br>②经济因素<br>③人口因素<br>④社会文化因素<br>⑤科学技术因素<br>⑥教育因素 |

**典型例题**

1. 出版物市场需求的特征不包括（　　）。

A. 多样性　　　　　　B. 可诱导性

C. 区域性　　　　　　D. 交换性

【答案】D

【提示】本题考查出版物市场需求的特征。

2. 影响出版物市场的因素不包括（　　）。

A. 作者分布区域因素

B. 社会文化因素

C. 科学技术因素

D. 教育因素

【答案】A

【提示】本题考查出版物市场需求的特征。

3. 影响出版物市场需求的经济因素主要有（　　）等。

A. 社会经济的发展水平

B. 出版物生产单位的赢利水平

C. 出版物的物流配送状况

D. 消费者的个人实际收入状况

E. 出版物市场价格的变化状况

【答案】ADE

【提示】本题考查影响出版物市场需求的因素。

4. 出版物市场需求的特征包括（　　）等。

A. 层次性　　　　　　　B. 竞争性

C. 区域性　　　　　　　D. 多样性

E. 专指性

【答案】ACDE

【提示】本题考查出版物市场需求的特征。

### 模拟练习

1. 出版物市场需求的时效性包括与出版物内容有关的时效性和（　　）。

A. 与出版物价格有关的时效性

B. 与出版物宣传有关的时效性

C. 与出版物服务有关的时效性

D. 与出版物品种有关的时效性

【提示】本题考查出版物市场需求的特征。

2. 出版物市场需求的特征不包括（　　）。

A. 专指性　　　　　　　　B. 时效性

C. 伸缩性　　　　　　　　D. 有效性

【提示】本题考查出版物市场需求的特征。

3. 影响出版物市场需求的政治因素不包括（　　）。

A. 国家关于出版的规定

B. 社会政治气氛的变化

C. 各项政治活动或文化宣传活动

D. 社会成员文化水平的提高

【提示】本题考查影响出版物市场需求的因素。

【答案】1. D　2. D　3. D

## 考点五：出版物市场细分的概念和作用（熟悉）

**考点解析**

表6—6　　出版物市场细分的概念和作用

| | |
|---|---|
| 出版物市场细分的概念 | 是指出版单位根据出版物市场需求的层次性与多样化等特征和消费者购书行为的差异性，把整个出版物市场划分为若干个具有某种相同或相似特征的子市场 |
| 出版物市场细分的作用 | ①有利于确立目标市场<br><br>②有利于提高竞争能力<br><br>③有利于满足消费者需要<br><br>④有利于提高经济效益 |

## 典型例题

1. 出版物市场细分的作用主要包括（　　）等。
   A. 有利于确立目标市场
   B. 有利于培养经营人才
   C. 有利于提高竞争力
   D. 有利于提高经济效益
   E. 有利于提高出版物的编校质量

   【答案】ACD
   【提示】本题考查出版物市场细分的概念和作用。

2. 出版物市场细分的作用包括（　　）等。
   A. 有利于确立目标市场
   B. 有利于提高出版单位的竞争力
   C. 有利于满足消费者需要
   D. 有利于提高出版单位的经济效益
   E. 有利于降低出版物价格

   【答案】ABCD
   【提示】本题考查出版物市场细分的概念和作用。

## 模拟练习

出版物市场细分的作用不包括（　　）。
A. 有利于确定目标受众
B. 有利于提高竞争力
C. 有利于满足消费者需要
D. 有利于提高经济效益

【提示】本题考查出版物市场细分的概念和作用。
【答案】A

## 考点六：出版物市场细分的程序（掌握）

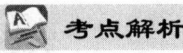考点解析

表6—7　　　　　　出版物市场细分的程序

| 出版物市场细分的程序 | ①选定出版物的市场范围<br>②选定市场细分的基本杠杆<br>③确定细分变量<br>④组织市场调查<br>⑤数据整理和分析<br>⑥对初步结果进行评估<br>⑦测算、评估细分市场 |
|---|---|

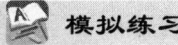模拟练习

1."市场细分的杠杆"是指用于市场细分的消费者需求类别与发行商条件，主要包括（　　）。

　　A. 消费者的收入　　　　B. 消费者的购买行为
　　C. 消费者的身高　　　　D. 发行商的规模
　　E. 发行商的性别

【提示】本题考查出版物市场细分的程序。

2. 下列选项中属于"市场的细分杠杆"的有（　　）。

　　A. 消费者的收入　　　　B. 消费者的购买行为
　　C. 发行商的历史长短　　D. 消费者的职业
　　E. 发行商的地理位置

【提示】本题考查出版物市场细分的程序。

【答案】1. ABD　2. ABDE

## 考点七：选择目标市场时应考虑的问题（掌握）

**考点解析**

表6—8　选择目标市场时应考虑的问题

| | | |
|---|---|---|
| 选择目标市场时应考虑的问题 | 细分市场的规模 | |
| | 细分市场的发展潜力 | |
| | 细分市场的吸引力 | ①现实竞争者<br>②潜在竞争者<br>③替代品<br>④消费者<br>⑤发行商 |
| | 市场占有率 | |
| | 出版单位自身的目标和资源 | |

**典型例题**

1. 影响细分市场吸引力的因素有（　　）等。
   A. 消费者　　　　　　B. 投资额
   C. 替代品　　　　　　D. 发行商
   E. 出版周期
   【答案】ACD
   【提示】本题考查细分市场的吸引力。

2. 出版物细分市场的吸引力取决于消费者和（　　）等因素。
   A. 发行商　　　　　　B. 替代品
   C. 编辑人员　　　　　D. 现实竞争者
   E. 潜在竞争者
   【答案】ABDE
   【提示】本题考查细分市场的吸引力。

## 模拟练习

1. 选择目标市场时应考虑的问题有（　　）。
   A. 细分市场的区域范围　　B. 细分市场的规模
   C. 细分市场的发展潜力　　D. 细分市场的吸引力
   E. 市场占有率
   【提示】本题考查选择目标市场时应考虑的问题。

2. 细分市场的吸引力取决于（）。
   A. 现实竞争者　　B. 潜在竞争者
   C. 替代品　　　　D. 发行商
   E. 投资额
   【提示】本题考查细分市场的吸引力。
   【答案】1. BCDE　2. ABCD

### 考点八：目标市场的进入策略和定位策略（熟悉）

#### 考点解析

表6—9　　目标市场的进入策略和定位策略

| | |
|---|---|
| 进入策略 | ①无差异策略（满足所有消费者的共同需要）<br>②差异策略（满足的是消费者的个别需要）<br>③集中性策略（满足目标消费者的各种个别需求） |
| 定位策略 | ①强化定位<br>②补缺定位<br>③比较定位<br>④首席定位<br>⑤避强定位 |

📖 **典型例题**

1. 出版单位的目标市场定位策略之一是（　　）。
A. 分散定位　B. 随机定位　C. 风险定位　D. 比较定位
【答案】D
【提示】本题考查目标市场的定位策略。

2. 《新华字典》在读者中享有盛誉，销路很广。该书在目标市场上最适宜采用的定位策略是（　　）。
A. 强化定位　B. 补缺定位　C. 避强定位　D. 首席定位
【答案】D
【提示】本题考查目标市场的定位策略。

3. 某出版社的传记类图书已在同类产品中占有相当地位，但也面临着众多竞争者。该社要保持该类产品的优势地位，宜采用（　　）策略。
A. 比较定位　B. 强化定位　C. 避强定位　D. 补缺定位
【答案】B
【提示】本题考查目标市场的定位策略。

📖 **模拟练习**

1. 某出版社的某类图书实力相对不足，但有自己鲜明的特色，该社要保持该类产品的优势地位，宜采用（　　）策略。
A. 比较定位　B. 避强定位　C. 补缺定位　D. 强化定位
【提示】本题考查目标市场的定位策略。

2. 下列不属于目标市场的进入策略有（　　）。
A. 无差异策略　　　　B. 差异策略
C. 集中性策略　　　　D. 分散型策略
【提示】本题考查目标市场的进入策略。
【答案】1. B　2. D

# 考点九：市场调查的内容和程序（掌握）

 考点解析

表 6—10　　　　市场调查的内容和程序

| | | |
|---|---|---|
| 市场调查的内容 | 消费者调查 | ①消费者需求状况<br>②消费者数量与结构<br>③消费者消费状况<br>④消费者对某个或某类出版单位的看法和评价等 |
| | 市场环境调查 | ①对社会的政治、经济、科学、文化等宏观因素的调查<br>②对有关出版业的政策与法规、出版产业发展状况、出版技术进步等中观因素的调查<br>③对直接影响出版单位的微观环境因素的调查 |
| | 出版物调查 | ①出版物的结构、内容、形式、价格、产品生命周期等<br>②生产该类出版物的出版单位的数量、规模、特色及其市场竞争力排名等 |
| | 市场竞争调查 | ①市场竞争的一般情况<br>②出版单位竞争对手的构成情况 |

续表

| 市场调查的程序 | ①市场调查目标的确定<br>②市场调查设计<br>③市场调查计划的执行 |
| --- | --- |

### 典型例题

确定市场调查目标的主要步骤之一是（　　）。
A．测算调查所需经费　　　B．选择调查人员
C．确定调查样本　　　　　D．提炼调查主题
【答案】D
【提示】本题考查市场调查目标的确定。

### 模拟练习

1．下列不属于市场调查报告三个部分之一的是（　　）。
A．导言部分　　　　　　　B．目录部分
C．主体部分　　　　　　　D．附件部分
【提示】本题考查市场调查的内容和程序。
2．审核、分类和整理属于市场调查计划执行中的（　　）步骤。
　A．收集信息资料
　B．处理信息资料
　C．分析和综合信息资料
　D．提交调查报告
【提示】本题考查市场调查的内容和程序。
【答案】1．B　2．B

# 考点十：市场预测的内容和方法（了解）

 考点解析

表6—11　　　　　　市场预测的内容和方法

| 市场预测的内容 | ①市场需求预测<br>②出版物产品预测<br>③价格预测<br>④销售预测 | |
|---|---|---|
| 市场预测的方法 | 定性预测方法 | ①消费者意向判断法<br>②销售人员意见综合法<br>③德尔菲法（又称专家意见法） |
| | 定量预测方法 | ①需求弹性预测法<br>②时间序列预测法<br>③回归分析法 |

 典型例题

1. 下列市场预测方法中，属于定性预测方法的是（　　）。

A．需求弹性预测法　　　　B．德尔菲法

C．回归分析法　　　　　　D．时间序列预测法

【答案】B

【提示】本题考查市场预测的内容和方法。

2. 销售预测不包括（　　）。

A．行业销售预测

B．本出版单位市场占有率预测

C．出版物内容变化趋势预测

D．竞争对手市场占有率预测

【答案】C

【提示】本题考查市场预测的内容和方法。

## 模拟练习

1. 市场预测的内容包括（　　）。
A. 市场需求预测　　　　B. 出版物产品预测
C. 目标消费者预测　　　D. 价格预测
E. 销售预测
【提示】本题考查市场预测的内容和方法。
2. 下列选项中属于定性预测方法的是（　　）。
A. 消费者意向判断法　　B. 回归分析法
C. 销售人员意见综合法　D. 德尔菲法
E. 时间序列预测法
【提示】本题考查市场预测的内容和方法。
【答案】1. ABDE　2. ACD

## 考点十一：市场营销的策略（掌握）

### 考点解析

表6—12　　　　市场营销的策略

| 产品策略 | 产品整体概念策略 | ①核心产品（内容）<br>②有形产品（外在形式）<br>③附加产品（服务） |
|---|---|---|
| | 出版物品牌策略 | ①产品项目品牌策略<br>②品种品牌策略<br>③作者品牌策略 |
| | 产品生命周期策略 | ①投放期的特点及其营销策略<br>②成长期的特点及其营销策略<br>③饱和期的特点及其营销策略<br>④滞销期的特点及其营销策略 |

续表

| 价格策略 | 收益定价策略 | ①撇脂定价策略<br>②渗透定价策略<br>③满意定价策略 |
| --- | --- | --- |
| | 心理定价策略 | ①整数定价策略<br>②尾数定价策略<br>③分级定价策略<br>④声望定价策略 |
| 渠道策略 | 渠道设计（核心） | |
| | 渠道管理 | |
| 促销策略 | 出版物促销的目的 | |
| | 出版物促销的内容 | |
| | 出版物促销的手段 | |
| | 市场促销的方法 | ①人员促销<br>②非人员促销 |

## 典型例题

1. 出版物发行渠道管理的内容包括（　　）。

  A．渠道交换　　　　　　B．渠道跟踪

  C．渠道传播　　　　　　D．渠道激励

  E．渠道调整

  【答案】BDE

  【提示】本题考查市场营销的策略。

2. 下列品牌中，属于产品项目品牌的有（　　）。

  A．龙门书局　　　　　　B．"布老虎丛书"

  C．"21世纪经济学经典"　D．爱心创作室

  E．曹雪芹

  【答案】BC

  【提示】本题考查市场营销的策略。

3. 出版物的产品生命周期包括（　　）。

A. 实验期　　　　　　　B. 投放期
　　C. 成长期　　　　　　　D. 饱和期
　　E. 滞销期
　　【答案】BCDE
　　【提示】本题考查市场营销的策略。
　　4. 某出版社拟引进一套物理学诺贝尔奖获得者的新作，最适合其采用的价格策略是（　　）。
　　A. 渗透定价策略　　　　B. 满意定价策略
　　C. 撇脂定价策略　　　　D. 尾数定价策略
　　【答案】C
　　【提示】本题考查市场营销的策略。
　　5. 出版物采用声望定价策略要以（　　）作保证。
　　A. 出版物的高质量　　　B. 出版物价格的高折扣
　　C. 出版物宣传的大声势　D. 出版物的豪华装帧
　　【答案】A
　　【提示】本题考查市场营销的策略。
　　6. 下列出版物发行活动中，其发行渠道属于短渠道的是（　　）。
　　A. 广东某出版社把图书批发给新疆某零售书店
　　B. 上海某出版社把图书批发给新华书店上海市店，市店转批给某个体书店
　　C. 某出版社通过自办网站售书
　　D. 某出版社办理读者函购业务
　　【答案】A
　　【提示】本题考查市场营销的策略。
　　7. 某教育出版社拟出版一套高考辅导读物，目标是迅速占领市场。为此，该社在价格策略上最适宜采用（　　）。
　　A. 渗透定价策略　　　　B. 满意定价策略
　　C. 撇脂定价策略　　　　D. 中位定价策略

【答案】A

【提示】本题考查市场营销的策略。

8. 关于出版物市场营销中的产品整体概念,说法正确的是(    )。

   A. 核心产品是指出版物的核心效用
   B. 有形产品是出版物产品整体概念中最基本和最实质的层次
   C. 附加产品是指附加在有形产品上的其他产品
   D. 随着出版物市场竞争的加剧,附加产品的作用不断降低

【答案】A

【提示】本题考查市场营销的策略。

9. 非人员促销的方式包括(    )等。

   A. 广告促销           B. 公关促销
   C. 网点推销           D. 展示推销
   E. 营业推广

【答案】ABE

【提示】本题考查市场营销的策略。

10. 出版物品牌包括出版物的名称和(    )。

    A. 责任编辑姓名       B. 发行单位名称
    C. 书号或刊号         D. 标记

【答案】D

【提示】本题考查市场营销的策略。

 模拟练习

1. 出版物促销的本质就是实现出版物品种及其相关因素与消费者之间的有效信息沟通,其内容主要有(    )。

   A. 集中反映了出版物的内容和相关因素
   B. 反映了目标消费者的迫切需要

C. 倡导、引导或迎合了某一时尚或风气
D. 利用大众媒体刊登广告
E. 通过书市、展销会等进行推销

【提示】本题考查市场营销的策略。

2. 下列选项中属于收益定价策略的是（　　）。

A. 声望定价策略　　　　B. 分级定价策略
C. 渗透定价策略　　　　D. 整数定价策略

【提示】本题考查市场营销的策略。

3. 网点推销属于（　　）。

A. 广告促销　　　　　　B. 人员促销
C. 网络促销　　　　　　D. 营业推广

【提示】本题考查市场营销的策略。

【答案】1. ABC　2. C　3. B

## 考点十二：主要的国际书展（了解）

 考点解析

表6—13　　　　主要的国际书展

| | |
|---|---|
| 法兰克福书展 | 当今世界上规模最大、影响最广的书展 |
| 伦敦书展 | 以著作权贸易为主 |
| 美国书展 | 法兰克福书展以外规模最大的国际书展之一 |
| 我国的国际书展 | ①北京国际图书博览会<br>②香港书展<br>③台北书展 |

模拟练习

1. 当今世界上规模最大、影响最广的书展是（　　）。

A. 北京国际图书博览会　　B. 法兰克福书展
C. 伦敦书展　　　　　　　D. 美国书展

【提示】本题考查主要的国际书展。

2. （　　）始于1971年，每年举办一次，举办时间在三四月间。

A. 香港书展　　　　　　　B. 台北书展
C. 伦敦书展　　　　　　　D. 美国书展

【提示】本题考查主要的国际书展。

3. 北京国际图书博览会由（　　）等共同主办。

A. 国家新闻出版广电总局

B. 国务院新闻办公室

C. 中国出版工作者协会

D. 环球新闻出版发展有限公司

E. 教育部

【提示】本题考查主要的国际书展。

【答案】1. B　2. C　3. ABCE

# 第七章 数字出版技术

## 基本要求

考点一：了解数字出版技术应用现状。▲
考点二：熟悉数字出版平台的系统构成及其功能。▲
考点三：掌握数字出版的常用技术种类及其功能。▲
考点四：掌握文档格式的种类及其特点。
考点五：熟悉数字出版文档格式的选择原则。▲
考点六：熟悉数字出版常用文档格式的特点。▲
考点七：熟悉元数据的概念及其作用。▲
考点八：了解元数据标准及其分类。▲
考点九：熟悉数字出版常用的元数据标准。▲

（标有"▲"号的，为从事数字出版的出版专业技术人员应考内容）

## 考试内容

1. 数字出版技术应用现状。
2. 关于数字出版平台的基本知识。
3. 数字出版的常用技术种类及其功能。
4. 文档格式的种类及其特点。
5. 数字出版文档格式的选择原则和数字出版常用文档格式的特点。
6. 元数据的概念及其作用。
7. 元数据标准及其分类。

8. 数字出版常用的元数据标准。

## 考点一：数字出版技术应用现状（了解）▲

**考点解析**

2013年7月，国家有关部门决定，计划用三年左右的时间，支持传统出版单位采购开展数字化转型升级业务所需的软件系统。一是对传统出版流程进行数字化改造的软件及系统，以实现出版流程的完整性，包括数字化加工软件、数字内容资源管理系统、编辑加工系统、产品发布系统四种软件及系统；二是对多种属性的内容资源进行关联、复合应用的软件及系统，以实现出版产品表现形式的完整性，包括关联标识符号编码嵌入软件、复合出版物生产和投送系统等软件及系统。

**模拟练习**

关于数字出版技术应用的说法正确的是（　　）。
A. 我国正式使用数字出版这一概念始于2005年
B. 2013年7月，国家有关部门决定，计划用三年左右的时间，支持传统出版单位采购开展数字化转型升级业务所需的软件系统
C. 利用云计算技术的强大计算能力和存储能力，可有效提升出版单位多形态数字出版服务的质量、效率和安全性
D. 20世纪末期，许多国际知名的出版企业就已经开始数字出版系统的建设和应用
E. 数字出版技术无法运用于传统出版流程
【提示】本题考查数字出版技术应用的现状。
【答案】ABCD

## 考点二：数字出版平台的系统构成及其功能（熟悉）▲

### 考点解析

表7—1　　数字出版平台的系统构成及其功能

| 系统构成 | 功能 |
| --- | --- |
| 数字内容资源管理系统 | 对文字、图片、音视频等多种类型的数字资源进行存储和分类管理，提供入库资源的规范性检查、资源的分类存储、资源的检索与统计、资源间关联管理，以及资源的全文阅读和审批下载等服务功能 |
| 资源数字化加工系统 | 根据数字出版的应用目标，进行内容文档格式的转换、标引，以及结构化、碎片化加工，以期为资源的重组、复用、交换、增值建立基础，满足细粒度的知识单元服务的需要 |
| 协同编辑系统 | 内容创作者和编辑能够完成稿件的传递，在出版社内部实现编辑三审流程，编辑加工后的书稿能够与自动排版、动态发布环节无缝衔接，迅速将各种形态的数字出版产品推送到用户的阅读终端，提高内容产品发布的效率 |
| 产品发布和服务系统 | 可支持出版企业开展可控的产品运营，满足计算机和移动阅读平台等多种发布平台和个性化数字阅读的需求，同时满足数字版权管理与保护的需要，实现安全发布与服务 |
| 版权资产管理和运营系统 | 通过对版权资产实施全生命周期的动态化管理，记录版权的生产、采购、自主使用和对外授权信息，开展版权资产的授权经营、核查与保护、运营分析与评价等研究，有效避免内容运营商的版权风险 |

## 模拟练习

下列选项中属于数字出版平台的系统构成的有(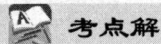)。
A. 产品发布和服务系统
B. 资源数字化加工系统
C. 版权资产管理和运营系统
D. 数字出版管理系统
E. 内容开放系统

【提示】本题考查数字出版平台的系统构成。
【答案】ABC

### 考点三:数字出版的常用技术种类及其功能(掌握)▲

## 考点解析

表7—2　　数字出版的常用技术种类及其功能

| 常用技术种类 | | 功能 |
|---|---|---|
| 内容资源加工技术 | 文档格式转换技术 | 将排版文件、图片、音视频转换成通用格式 |
| | 元数据标引技术 | 元数据以标签或标记的形式存在,用于标识资源的特征信息,一条数据记录由一组属性或元素组成,这些属性或元素对检索、定位和发现资源起到重要作用 |
| | 结构化加工技术 | 在进行数字资源的结构化加工过程中,大都采用将各类型排版文件转换成 PDF 格式,再通过结构化加工工具将 PDF 文件转换成为具有结构性描述信息的 XML 文档 |

续表

| 常用技术种类 | | 功能 |
|---|---|---|
| 内容协同编辑技术 | 面向协同编审的工作流引擎技术 | 工作流引擎是一个软件系统，它定义、创建和管理工作流的执行，实现与工作流参与者的交互，并且可以调用各种外部工具 |
| | 交互式XML编辑器技术 | XML编辑器是一个数字化编辑工具，数字编辑人员可以通过植入数据标准对内容进行编辑、标引和再造。编辑器支持交互操作，使用者可以可视化地对内容和结构进行编辑加工 |
| 跨终端内容发布技术 | 基于动态关联的按需重组技术 | 动态关联技术根据内容资源的特征，快速推荐一些相关资源，提升关联度。动态关联技术是一种知识索引和导航技术，可以实现数字内容的动态选择、自动组合和交互呈现 |
| | 多渠道、多终端设备自适应技术 | 针对不同发布渠道、不同阅读终端的不同特性，支持内容可自适应调整的自动化排版技术，它使内容的输出结果自动适应不同发布平台（如纸质书刊、PC机、移动阅读终端等）的展示空间和展示特征，充分发挥不同终端设备的优势，将制作的内容以更恰当的方式呈献给用户 |
| 移动出版技术 | 移动操作系统 | 移动操作系统的作用与PC上运行的操作系统类似，用于管理移动设备的硬件与软件资源，但其功能较为简单，并提供无线通信的功能 |
| | 移动终端内容发布 | ①HTML5技术<br>②二维码技术<br>③增强现实技术（AR）<br>④移动出版平台 |

续表

| 常用技术种类 | | 功能 |
|---|---|---|
| 数字版权保护技术 | 数字加密技术 | 通过变换信息的表现形式来伪装需要保护的敏感信息,使非授权者不能了解被保护的内容 |
| | 数字摘要技术 | 是一个较为安全的标准和算法,以保证数据的完整性,数字摘要算法就是提供数据完整性的安全标准 |
| | 数字水印技术 | 永久镶嵌在其他数据中的具有可鉴别性、可证明性的数字信号或模式,并且不影响数据的可用性 |
| | 数字指纹技术 | 将不同的标志性识别代码——指纹嵌入到数字媒体中,然后将嵌入了指纹的数字媒体分发给用户,发行商发现盗版行为后,通过提取盗版产品中的指纹,确定非法复制的来源,对盗版者进行起诉,从而起到版权保护的作用 |

 模拟练习

1. 数字出版的常用技术有（　　）。

A．内容资源加工技术

B．内容协同编辑技术

C．数字版权保护技术

D．跨终端内容发布技术

E．人机交互技术

【提示】本题考查数字出版的常用技术种类。

2. 移动终端内容发布所需要的技术有（　　）。

A．二维码技术

B．增强现实技术

C. 数字加密技术
D. 移动出版平台
E. 3D 造型技术

【提示】本题考查移动出版技术中移动终端内容发布的相关内容。

【答案】1. ABCD  2. ABD

## 考点四：文档格式的种类及其特点（掌握）

### 考点解析

表 7—3　　　　文档格式的种类及其特点

| 种类 | 特点 |
| --- | --- |
| 版式文档 | 版面固定，显示和打印、印刷效果一致的文档，它的呈现效果非常固定，不会因为显示设备的不同而改变 |
| 流式文档 | 版式重排，这一特性使其能够自如地适应不同的终端设备显示环境，进而大大提高文档内容的可阅读性 |
| 结构化版式文档 | 基于 XML 的版式文档格式，通过引用版面中的文字、图像、图形等内容来构造一个包含完整版面信息与流式信息的文档，实现版面信息与结构信息的融合 |

### 模拟练习

1. 文档格式的种类有（  ）。
A. 版式文档
B. 流式文档
C. 结构化版式文档
D. 数字文档
E. 碎片文档

161

【提示】本题考查文档格式的种类。

2. 关于流式文档说法正确的是（　　）。

A. 版式重排，这一特性使其能够自如地适应不同的终端设备显示环境

B. 版面固定，显示和打印、印刷效果一致的文档

C. 基于 XML 的版式文档格式，通过引用版面中的文字、图像、图形等内容来构造一个包含完整版面信息与流式信息的文档

D. 文档的呈现效果不会因为软件、硬件、操作系统等外部环境的变化而发生改变

E. 版式文档会因显示设备的不同而改变

【提示】本题考查文档格式的种类及其特点。

【答案】1. ABC　2. A

## 考点五：数字出版文档格式的选择原则（熟悉）▲

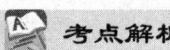 考点解析

数字出版文档版式选择的原则为目的性、保真性、独立性、通用性。

 模拟练习

数字出版文档版式选择的原则是（　　）。

A. 目的性　　　　　　　　B. 保真性
C. 特殊性　　　　　　　　D. 通用性
E. 规范性

【提示】本题考查数字出版文档格式的选择原则。

【答案】ABD

## 考点六:数字出版常用文档格式的特点(熟悉)▲

 考点解析

表7—4　　　数字出版常用文档格式的特点

| | | |
|---|---|---|
| PDF文档格式 | | 可以将文字、字体、格式、颜色,以及独立于设备和分辨率的图形图像等封装在一个文件中,既可嵌入Web页面提供即时浏览,又可下载后自由定位、跳转阅读,支持书签和注解,还可以包含超文本链接、声音和动态影像等电子信息,支持特长文件,集成度和安全可靠性都较高 |
| ePub文档格式 | | 可以自动重新编排内容的开放格式标准,能够让文字内容根据阅读终端设备的显示环境自适应地排版和展示,以最理想的阅读方式呈现给使用者。还可以比较容易地转换为其他文档格式 |
| XML文档格式 | | 可以使得我们利用数据库技术较快地存储、检索、分析、加工和处理互联网信息。与数据库不同,XML仅仅是存储和交换数据,语法极其简单,这是它与其他数据表现形式最大的不同 |
| 多媒体文档格式 | MPEG | 对VCD、DVD等数字多媒体视听终端消费产品及高清电视、数字多媒体通信工具等数字电子信息产业的发展做出了重要贡献 |
| | AVI | 音视频格式,因其调用方便、图像指标高、压缩标准可任意转换等优点而成为应用较为广泛的一种格式 |
| | RM | 可以在未下载完成时实现在线播放 |
| | WMV | 可以边下载边播放,很适合在网上播放和传输 |
| | FLV | 数据文件极小、传输速度快,使得网络看视频文件更为便捷 |
| | MP3 | 可压缩成容量较小的文件,音质下降不明显 |
| | TIFF | TIFF与JPEG、PNG一起成为流行的高位彩色图像格式 |
| | 流媒体 | ①特殊的媒体文件格式<br>②使用实时传输协议<br>③使用缓冲区<br>④具有强大的可控性 |

163

## 模拟练习

1. 常用文档格式及其特点的说法正确的是（　　）。
A. PDF 文档格式可以将文字、字体、格式、颜色，以及独立于设备和分辨率的图形图像等封装在一个文件中，集成度和安全可靠性都较高
B. ePub 文档格式可以自动重新编排内容的开放格式标准，能够让文字内容根据阅读终端设备的显示环境自适应地排版和展示
C. XML 文档格式语法极其简单，这是它与其他数据表现形式最大的不同
D. WMV 文档格式可以边下载边播放，很适合在网上播放和传输
E. RM 文档不能在未完成下载时在线播放

【提示】本题考查常用文档格式的特点。

2. 多媒体文档格式包括（　　）。
A. MPEG　　　　B. XML　　　　C. AVI
D. 流媒体　　　　E. JPG

【提示】本题考查多媒体文档格式的分类。

【答案】1. ABCD　2. ACD

## 考点七：元数据的概念及其作用（熟悉）▲

 考点解析

表 7—5　　　　元数据的概念及其作用

| 概念 | 是对信息资源进行描述、解释、定位或使信息资源更易于被检索、利用及管理的结构化信息 |
|---|---|

续表

| | |
|---|---|
| 作用 | ①准确唯一的标识出版物<br>②方便查询、促进交易<br>③促进数据交换与处理<br>④提高数字资源管理及开发利用的效率<br>⑤方便资源的长期保存 |

 **模拟练习**

元数据的作用有（　　）。
A．方便查询、促进交易　　B．促进数据交换与处理
C．方便资源的长期保存　　D．准确唯一的标识出版物
E．提高图像清晰度
【提示】本题考查元数据的概念及其作用。
【答案】ABCD

## 考点八：元数据标准及其分类（了解）▲

 **考点解析**

表7—6　　　　　　　元数据标准及其分类

| | |
|---|---|
| 标识类元数据标准 | 主要功能是为出版物或者内容资源提供唯一的标识，如国际标准书号、国际标准连续出版物号、国际标准文本编码、国际标准音像制品编码等 |
| 描述型元数据标准 | ①MARC 标准<br>②都柏林核心元数据<br>③CIP 图书在版编目数据<br>④中文图书标识规则<br>⑤图书流通信息交换规则<br>⑥在线信息交换标准 |

 模拟练习

下列选项中属于标识类元数据标准的是（　　）。
A. 国际标准音像制品编码　　B. CIP 图书在版编目数据
C. 国际标准文本编码　　　　D. 国际标准书号
E. 选题编号
【提示】本题考查元数据标准及其分类。
【答案】ACD

## 考点九：数字出版常用的元数据标准（熟悉）▲

### 考点解析

表 7—7　　　　　数字出版常用的元数据标准

| | |
|---|---|
| 图书在版编目元数据 | ①图书在版编目<br>②图书在版编目数据<br>③主题词检索点<br>④分类检索点 |
| 都柏林核心元数据 | 名称、创建者、主题、描述、出版者、其他责任者、日期、类型、格式、标识符、来源、语种、关联、时空范围、权限 |
| 图书 ONIX 标准 | ①图书在线信息交换标准<br>②连续出版物在线信息交换标准<br>③出版物许可条件在线交换标准<br>④出版物数字化对象标识注册格式在线信息交换标准 |

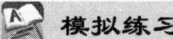 模拟练习

图书在版编目元数据包括的术语有（　　）。

A．图书在版编目　　　　B．图书在版编目数据
C．主题词检索点　　　　D．分类检索点
E．国际标准书号

【提示】本题考查数字出版常用的元数据标准。

【答案】ABCD

# 第八章 著作权知识

## 基本要求

考点一：掌握著作权的权利范围。

考点二：了解著作权的特征。

考点三：熟悉我国著作权法的立法目的、立法依据和主要法律法规。

考点四：掌握《伯尔尼公约》的国际著作权保护原则。

考点五：熟悉《世界版权公约》和两个"国际互联网条约"的基本内容。

考点六：了解《与贸易有关的知识产权协议》。

考点七：熟悉关于著作权的主体的知识。

考点八：了解作品的特征。

考点九：掌握我国著作权法对作品的保护。

考点十：掌握关于著作权中的人身权、财产权的知识。

考点十一：熟悉关于邻接权的知识。

考点十二：掌握关于著作权的归属与保护期的知识。

考点十三：掌握符合合理使用和法定许可规定的作品使用方式。

考点十四：掌握关于著作权的许可使用和转让的知识。

考点十五：了解著作权侵权的类型。

考点十六：掌握关于著作权侵权的具体行为及其行为者应该承担的法律责任的知识。

考点十七：了解著作权纠纷的种类。

考点十八：掌握著作权纠纷的处理方法和诉讼时效。

考点十九：了解诉前临时措施。

考点二十：掌握关于出版单位应该尊重作者权利的知识。

考点二十一：掌握关于依法保护出版单位与著作权有关的权利的知识。

## 考试内容

1. 著作权的特征和权利范围。
2. 我国著作权法的立法依据、立法原则和主要法律法规。
3. 国际著作权条约的基本情况。
4. 著作权的主体。
5. 作品的特征。
6. 我国著作权法对作品的保护。
7. 著作权的内容、归属与保护期。
8. 关于邻接权的知识。
9. 符合合理使用和法定许可规定的作品使用方式。
10. 著作权的许可使用和转让。
11. 著作权侵权的类型、具体行为及其行为者应该承担的法律责任。
12. 著作权纠纷的种类、处理方法、诉讼时效以及诉前临时措施。
13. 出版单位对作者权利的尊重。
14. 出版单位依法享有的与著作权有关的权利。

### 考点一：著作权的权利范围（掌握）

**考点解析**

表8—1　　　　　著作权的权利范围

| 人身权 | 与作者的人身不可分割、不直接涉及财产 |
|---|---|
| 财产权 | 可以为权利人带来经济收益 |

续表

| | |
|---|---|
| 著作权 | 广义的著作权包括邻接权，是与著作权有关的权利，指作品的传播者就其传播作品的过程中所付出的创造性劳动和投资而享有权利 |

**模拟练习**

按我国著作权法的规定，美术作品原件所有权转移后，美术作品原件的（　　）由原件所有人享有。

A．复制权　　　　　　B．发行权
C．展览权　　　　　　D．出租权

【提示】本题考查著作权的权利范围。
【答案】C

## 考点二：著作权的特征（了解）

**考点解析**

表8—2　　　　　著作权的特征

| | |
|---|---|
| 无形性 | 　　一方面，著作权客体的存在，不以其在有形载体上的固定为要件。另一方面，著作权人享有著作权也不以实际占有有形物为要件 |
| | 　　美术作品原件所有权的转移，不视为作品著作权的转移，但美术作品原件的展览权由原件所有人享有 |
| 专有性 | 垄断性或排他性 |
| 时间性 | 财产权、发表权有时间限制 |
| 地域性 | 限于某个国家或地区范围内 |

### 典型例题

关于著作权,下列说法中正确的有（　　）。

A. 未发表的作品不享有著作权
B. 著作权即版权
C. 著作权具有排他性
D. 著作权是文学、艺术和科学作品创作者对其所创作的作品依法享有的权利
E. 未经著作权人同意,任何人在任何情况下都不得使用其作品

【答案】BCD
【提示】本题考查著作权的基本概念。

### 模拟练习

1. 著作权为著作权人所占有、使用和处分,具有排他性和绝对性的特点,也就是所谓的（　　）。

A. 专有性　　　　B. 地域性
C. 时间性　　　　D. 复合性

【提示】本题考查著作权的特征。

2. 除了无形性、专有性之外,著作权的基本特征还有（　　）。

A. 可复制性　　　B. 地域性
C. 复合性　　　　D. 规定性
E. 时间性

【提示】本题考查著作权的基本特征。
【答案】1. A　2. BE

## 考点三：我国著作权法的立法目的、立法依据和主要法律法规（熟悉）

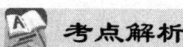 考点解析

表8—3　我国著作权法的立法目的、立法依据

| 立法目的 | 为保护文学、艺术和科学作品作者的著作权，以及与著作权有关的权益，鼓励有益于社会主义精神文明、物质文明建设的作品的创作和传播，促进社会主义文化和科学事业的发展与繁荣，根据宪法制定本法 |
|---|---|
| 立法依据 | 《中华人民共和国宪法》 |

 模拟练习

我国著作权法的立法依据是（　　）。
A.《中华人民共和国民法通则》
B.《中华人民共和国宪法》
C.《中华人民共和国刑法》
D.《出版管理条例》
【提示】本题考查著作权的立法依据。
【答案】B

## 考点四：《伯尔尼公约》的国际著作权保护原则（掌握）

 考点解析

表8—4　《伯尔尼公约》的国际著作权保护原则

| 1886年诞生，五次修订，最后一次修订所形成的文本是1971年巴黎文本，我国于1992年加入 | 国民待遇原则 |
|---|---|
| | 自动保护原则 |
| | 独立保护原则 |
| | 最低保护原则 |

## 模拟练习

《伯尔尼公约》的基本原则有（ 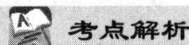 ）。

A．国民待遇原则　　　B．独立保护原则
C．最低保护原则　　　D．非自动保护原则
E．自动保护原则

【提示】本题考查《伯尔尼公约》的基本原则。
【答案】ABCE

### 考点五：《世界版权公约》和两个"国际互联网条约"的基本内容（熟悉）

**考点解析**

表8—5　《世界版权公约》和两个"国际互联网条约"的基本内容

| 《世界版权公约》 | 1952年诞生，1971年修订，我国于1992年加入 | | 保护水平相对较低。比如保护期短，规定非自动保护原则 |
|---|---|---|---|
| 两个"国际互联网条约" | 《世界知识产权组织版权条约》于2002年3月6日生效，《世界知识产权组织表演和录音制品条约》于2002年5月20日生效。我国于2006年12月加入 | 两个条约 | 《世界知识产权组织版权条约》（WCT）《世界知识产权组织表演和录音制品条约》（WPPT） |
| | | 特点和背景 | 主要解决数字技术和网络环境下的著作权及其相关权利保护问题 |
| | | 内容要点 | 不仅限于互联网上的著作权保护，还涉及网络环境以外的著作权保护问题 |

173

### 模拟练习

以下关于国际著作权条约的说法，正确的是（　　）。

A.《伯尔尼公约》产生的时间最早

B.《世界版权公约》的保护水平要高于《伯尔尼公约》，因为它规定的保护期要比后者长

C.《TRIPS协议》建立了以贸易报复方式解决知识产权争端的机制

D. 两个"国际互联网条约"是国际上对《世界知识产权组织版权条约》和《世界知识产权组织表演和录音制品条约》的一种通用说法

E.《录音制品公约》又称《布鲁塞尔公约》

【提示】本题考查国际著作权条约的相关知识。

【答案】ACD

## 考点六：《与贸易有关的知识产权协议》（了解）

### 考点解析

表8—6　　《与贸易有关的知识产权协议》

| 《TRIPS协议》 | 全称《与贸易有关的知识产权协议》 | 作用 | 首个将知识产权纳入世界贸易范围的国际条约，带有强制性措施。以贸易报复方式解决知识产权争端，是它建立的一种机制 |
|---|---|---|---|
| | | 宗旨 | 为了减少国际贸易中的阻力，促进对知识产权实施充分、有效的保护，并保证相关的保护措施与程序不成为合法贸易的障碍 |
| | | 内容要点 | 著作权保护思想的表达形式，不保护思想本身 |

### 模拟练习

1. 在以下国际著作权条约中,由世界贸易组织确认的是( )。
   A.《伯尔尼公约》
   B.《日内瓦公约》
   C.《TRIPS 协议》
   D.《世界知识产权组织版权条约》
   【提示】本题考查国际著作权条约的相关知识。

2. 在以下国际著作权条约中,涉及网络环境下著作权法律规范的是( )。
   A.《伯尔尼公约》
   B.《世界知识产权组织版权条约》
   C.《TRIPS 协议》
   D.《世界版权公约》
   E.《世界知识产权组织表演和录音制品条约》
   【提示】本题考查国际著作权条约的相关知识。
   【答案】1. C  2. BE

补充初级内容:著作权主体分类(了解)

### 考点解析

表 8—7　　　　　著作权主体分类

| 原始著作权主体<br>(作者) | ①自然人作者<br>②视为作者的组织(法人、其他组织)<br>③作者身份的确定:如无相反证明,在作品上署名的是作者 |
| --- | --- |

175

续表

| 继受著作权主体 | ①著作权继承者和受遗赠者：继承财产权，保护人身权（作者生前未发表的作品，如果作者未明确表示不发表，可由继受著作权主体行使发表权）<br>②著作权转让中的受让人 |
|---|---|

## 考点七：关于著作权的主体的知识（熟悉）

 考点解析

表8—8　　　关于著作权的主体的知识

| 国家成为著作权主体有五种情况 | 作者生前无偿捐赠 |
|---|---|
| | 作者遗嘱死后捐赠 |
| | 作者无继承人和受遗赠人 |
| | 法人或其他组织变更或终止后无承受人的，国家享有著作权的作品，由国务院著作权行政管理部门（国家版权局）管理 |
| | 由国家主持创作或者投资创作的作品，其著作权归属国家 |

模拟练习

1．国家享有著作权的作品由（　　）管理。
　A．所在地省级版权局　　　　B．国家版权局
　C．国家新闻出版广电总局　　D．全国人大常委会
【提示】本题考查著作权主体的相关知识。
【答案】1．B

## 考点八：作品的特征（了解）

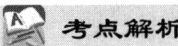

表8—9　　　　　作品的特征

| 作品的特征 | 著作权法保护的对象仅限于文学、艺术和科学范围内的智力创作成果 |
| --- | --- |
| | 作品必须以一定形式表现出来，使人们能够感知。著作权法保护的是作品的表现形式，而不是作品的思想观念 |
| | 作品必须具有可重复性，可以通过印刷、绘画、摄影、录制、表演、放映等形式再现 |
| | 作品必须具有独创性，即作品是由作者独立创作的 |

**典型例题**

我国著作权法所称的"作品"，其特征有（　　）等。
A．是文学、艺术和科学领域内的智力成果
B．具有独创性
C．能以某种有形形式复制
D．已经公开发表
E．由自然人独立创作
【答案】　ABC
【提示】　本题考查著作权保护客体的相关知识。

我国著作权法所称的"作品"，其特征不包括（　　）。
A．著作权法保护的对象仅限于文学、艺术和科学范围内的

智力创作成果
B. 作品必须以一定形式表现出来，使人们能够感知，并能以某种形式复制
C. 作品必须具有独创性，即作品是由作者独立创作的
D. 作品也包括非物质文化遗产

【提示】本题考查著作权保护客体的特点。

【答案】D

## 考点九：我国著作权法对作品的保护（掌握）

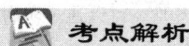 考点解析

表 8—10　　我国著作权法对作品的保护

| | |
|---|---|
| 国籍原则 | 中国公民、法人或者其他组织的作品，不论是否发表，都依照本法享有著作权（包含自动保护原则） |
| 互惠原则 | 外国人、无国籍人的作品根据其作者所属国或者经常居住地国同中国签订的协议或者共同参加的国际条约享有的著作权，受本法保护 |
| 地域原则 | 外国人、无国籍人的作品首先在中国境内出版的，依照本法享有著作权<br>未与中国签订协议或者共同参加国际条约的国家的作者以及无国籍人的作品首次在中国参加的国际条约的成员国出版的，或者在成员国和非成员国同时（30 日内）出版的，受本法保护 |

补充初级内容：九大类受著作权法保护的作品（掌握）

## 考点解析

表8—11　　　著作权法给予保护的作品种类

| 作品种类 | ①文字作品<br>②口述作品<br>③音乐、戏剧、曲艺、舞蹈、杂技艺术作品<br>④美术、建筑作品<br>⑤摄影作品<br>⑥电影作品和以类似摄制电影的方法创作的作品<br>⑦图形作品和模型作品<br>⑧计算机软件：计算机程序及其文档<br>⑨其他作品 |
| --- | --- |

## 典型例题

我国著作权法对作品予以保护的原则有(　　)。
A．注册原则　　　　　B．国籍原则
C．互惠原则　　　　　D．申请原则
E．地域原则
【答案】BCE
【提示】本题考查著作权法对作品给予保护的原则。

## 模拟练习

按《中华人民共和国著作权法实施条例》的规定，外国人、无国籍人的作品在中国境外首先出版后，(　　)日内在中国境内出版的，视为该作品同时在中国境内出版。

A. 15　　　　　　　　B. 30
C. 45　　　　　　　　D. 60

【提示】本题考查著作权法对作品给予保护原则中的地域原则。

【答案】B

## 考点十：关于著作权中的人身权、财产权的知识（掌握）

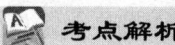考点解析

表8—12　　著作权中的人身权和财产权

| | | |
|---|---|---|
| 人身权 | 发表权 | |
| | 署名权 | |
| | 修改权 | 未发表作品：作者可以任意修改 |
| | | 已发表作品：要受到一定限制，不能损害他人（如出版社等）的权利 |
| | 保护作品完整权 | 保护作品不被歪曲、篡改的权利 |
| 财产权 | 复制权、发行权、出租权、展览权、表演权、放映权、广播权、信息网络传播权、摄制权、改编权、翻译权、汇编权12项权利 | |
| | 出租权 | 只针对电影作品、计算机软件，文字作品、美术作品等不享有 |
| | 展览权 | 只针对美术作品、摄影作品的原件和复制件 |
| | 表演权 | 分为公开表演、机械表演两种 |
| | 放映权 | 电影作品、美术作品、摄影作品 |
| | 广播权 | |
| | 摄制权 | 制片权 |
| | 其他 | |

补充初级内容：发表权和署名权（掌握）

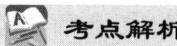

表8—13　　　　　发表权和署名权

| | |
|---|---|
| 发表权 | 作者自行决定是否将作品公之于众的权利。作品完成后，作者有权决定其是否发表，何时、何地、以何种形式发表 |
| 署名权 | 表明作者身份、在作品上署名的权利。作者有权署真名，署假名（笔名），也可以不署名 |

补充初级内容：其他六项财产权（掌握）

表8—14　　　　　　其他六项财产权

| | |
|---|---|
| 复制权 | 财产权中最基本的权利 |
| 发行权 | 发行、出售、赠予。发行范围：地区发行权和全世界发行权 |
| 信息网络传播权 | 禁止未经许可将他人作品上网传播 |
| 改编权 | 基于已有作品，通过变换作品类型或用途而创作新的作品，但不能改变原作品的基本思想内容 |
| 翻译权 | 主要针对文字作品，也适用于口述作品和电影作品 |
| 汇编权 | 不改变作品本身，只是在选择或编排上体现独创性。被汇编的既有已发表作品，又有未发表作品 |

1. 按我国著作权法的规定，享有出租权的是（　　）的著作权人。

　　A. 电影作品　　　　　B. 小说、散文作品
　　C. 美术作品　　　　　D. 摄影作品

【答案】A

【提示】本题考查著作权中出租权的相关知识。

2. 作者通过创作作品而获得的与其人身不可分割，不直接涉及财产的权利主要有（　　）等。

   A. 署名权　　　　　　　B. 复制权
   C. 修改权　　　　　　　D. 改编权
   E. 发表权

【答案】ACE

【提示】本题考查著作权的范围。

3. 按我国著作权法的规定，只有（　　）的著作权人才有展览权。

   A. 舞蹈作品　　　　　　B. 建筑作品
   C. 美术作品　　　　　　D. 摄影作品
   E. 模型作品

【答案】CD

【提示】本题考查著作权中的展览权。

4. 著作权中的财产权包括（　　）等权利。

   A. 发表权　　　　　　　B. 发行权
   C. 改编权　　　　　　　D. 追诉权
   E. 信息网络传播权

【答案】BCE

【提示】本题考查著作权中的财产权。

### 模拟练习

1. 某电视剧组为吸引眼球，在作者许可改编《红岩》后，将江姐、许云峰、甫志高三人描述成庸俗的三角恋爱关系。这种行为侵犯了作者的（　　）。

   A. 发表权　　　　　　　B. 署名权

C. 修改权　　　　　D. 保护作品完整权

【提示】本题考查著作权中的保护作品完整权的概念。

2. 著作权法中的"财产权"，也称（　　）。

A. 精神权利　　　　B. 追续权利
C. 人身权利　　　　D. 经济权利

【提示】本题考查著作权中财产权的相关概念。

3. 按我国著作权法的规定，享有出租权的是（　　）的著作权人。

A. 电影作品　　　　B. 小说、散文作品
C. 美术作品　　　　D. 摄影作品

【提示】本题考查著作权中出租权的相关概念。

4. 在以下作品中，享有我国著作权法规定的出租权的是（　　）。

A. 文字作品　　　　B. 电影作品
C. 计算机软件　　　D. 美术作品
E. 建筑作品

【提示】本题考查著作权中出租权的相关概念。

【答案】1. D　2. D　3. A　4. BC

## 考点十一：关于邻接权的知识（熟悉）

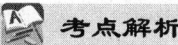
考点解析

表8—15　　　　　著作权中的邻接权

| 邻接权的概念 | 出版者：版式设计权，保护期为10年 |
| --- | --- |
| | 表演者：对其表演享有权利 |
| | 录音录像制作者：不享有表演权、广播权 |
| | 广播电台和电视台：禁止他人未经许可传播 |

183

续表

| | | | |
|---|---|---|---|
| 邻接权的种类与内容 | 出版者对其出版的图书或者期刊的版式设计，享有专有权利 | | |
| | 表演者对其表演享有的权利 | 表明表演者身份 | |
| | | 保护表演形象不受歪曲 | |
| | | 许可他人从现场直播和公开传送其现场表演，并获得报酬 | |
| | | 许可他人对其表演进行录音或者录像，并获得报酬 | |
| | | 许可他人复制、发行录有其表演的录音录像制品，并获得报酬 | |
| | | 许可他人通过信息网络向公众传播其表演，并获得报酬 | |
| | 录音录像制作者对其制作的录音录像制品享有的权利，是许可他人复制、发行、出租、通过信息网络向公众传播，并获得报酬 | | |
| | 广播电台、电视台享有的权利，是禁止他人未经许可而将其播放的广播或电视进行传播、录制在音像载体上以及复制音像载体 | | |
| 邻接权人的义务 | 表演者 | 使用他人作品演出的，应当取得著作权人的许可，并支付报酬 | |
| | | 如果演出是由他人组织的，由该演出组织者取得著作权人许可，并支付报酬 | |
| | 录音录像制作者 | 使用他人作品制作录音录像制品，应当取得著作权人许可，并支付报酬 | |
| | | 使用改编、翻译、注释、整理已有作品而产生的作品，应当取得改编、翻译、注释、整理作品的著作权人和原作品著作权人的许可，并支付报酬 | |
| | | 制作记录表演情况的录音录像制品，应当同表演者订立合同，并支付报酬 | |
| | | 许可他人复制、发行、通过信息网络传播录音录像制品时，应当取得著作权人、表演者许可，并支付报酬 | |
| | 广播电台、电视台 | 播放他人未发表的作品，应当取得著作权人的许可，并支付报酬 | |
| | | 播放他人的电影作品和以类似摄制电影的方法创作的作品，应当取得制片者的许可，并支付报酬 | |
| | | 播放他人的录像制品，还应当取得著作权人、录像制作者的许可，并支付报酬 | |

## 模拟练习

1. 我国著作权法所称的"作品的传播者"包括（　　）。
   A. 表演者
   B. 录音录像制作者
   C. 出版者
   D. 广播电台、电视台
   E. 作者

   【提示】本题考查著作权中邻接权的概念。

2. 录音录像制作者对其制作的录音录像制品，享有（　　）。
   A. 广播权　　　　　　B. 复制权
   C. 表演权　　　　　　D. 出租权
   E. 信息网络传播权

   【提示】本题考查著作权中邻接权的相关概念。

3. 如果演出是由他人组织的，由（　　）取得著作权人许可，并支付报酬。
   A. 表演者　　　　　　B. 演出组织者
   C. 表演者协会　　　　D. 词曲作者

   【提示】本题考查著作权中邻接权的相关概念。

   【答案】1. ABCD  2. BDE  3. B

## 考点十二：关于著作权的归属与保护期的知识（掌握）

### 考点解析

著作权的归属是指著作权归谁所有，这是著作权法的核心问题。

创作作品的公民是作者。

## 补充初级内容:一般作品和合作作品的著作权归属(熟悉)

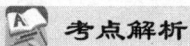
考点解析

| 表8—16 | 著作权的归属 |
|---|---|
| 一般作品 | 著作权属于作者。合作作品著作权属合作作者共有,可分割使用的,合作作者可对各自创作的部分单独享有并使用著作权 |
| 特殊情况 | 主要是指作品的创作或是基于他人已有作品,或是接受委托,或是为了完成所在单位工作任务等情况 |

## 补充初级内容:著作权权利的保护期(掌握)

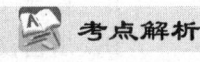
考点解析

| 表8—17 | 著作权的保护期 |
|---|---|
| 著作权权利的保护期 | ①无限期保护。适用于署名权、修改权和保护作品完整权<br>②作者有生之年加死后50年。适用于自然人的发表权、财产权。合作作品按最后一个死亡的合作作者计算<br>③首次发表后50年。适用于法人作品、职务作品(归法人)、摄影作品、电影作品 |

| 表8—18 | | 著作权归属和保护期 |
|---|---|---|
| 著作权的归属 | 演绎作品 | 必须保护原作品的完整性,忠实于原著的主题、内容 |
| | | 在演绎作品中要指明原作者姓名 |
| | | 若原作品尚未进入公有领域,应当事先取得原作者授权。不过,符合法定许可和合理使用条件的除外 |
| | 汇编作品 | 应尊重原作品著作人的人身权 |
| | | 若原作品尚未进入公有领域,汇编人应事先取得原作品著作权人的授权。不过,符合合理使用或法定许可条件的除外 |
| | | 使用汇编作品时,若原作品尚未进入公有领域,使用者应向汇编人和原作者支付报酬。不过,符合合理使用条件的除外 |

续表

| | | |
|---|---|---|
| 著作权的归属 | 电影作品 | 整体著作权：归制片人，考虑到其巨额投资和电影作品的商业性运作，属于著作权的法定转让。编剧、导演、摄影者、作词者、作曲者等具体创作者可得到劳动报酬，并享有署名权 |
| | | 分项著作权：剧本、音乐等可以单独使用的部分，其作者有权单独使用 |
| | 职务作品 | 著作权由创作者享有，但其单位有权在其业务范围内优先使用 |
| | | 作者享有署名权，其他权利由法人或其他组织享有，但单位可以给予作者奖励 |
| | 委托作品 | 反映的是委托人的思想观点和受托人的创作技巧 |
| 著作权的保护期 | | 无限期保护、作者有生之年加死后50年、首次发表后50年 |
| | | 作者身份不明的作品，适用"首次发表后50年"的原则。适当时候能确认其作者，再适用相应的著作权保护期规定 |

## 典型例题

1. 下列各类作品中，属于演绎作品的是（　　）。
   A. 美术作品　　　　　B. 委托作品
   C. 改编作品　　　　　D. 职务作品
   【答案】C
   【提示】本题考查著作权归属的相关知识。
2. 关于著作权的归属，下列说法中正确的有（　　）。
   A. 著作权属于作者，著作权法另有规定的除外
   B. 两个或两个以上作者合作创作的作品，著作权归合作作者共有
   C. 汇编作品的著作权归原作品的作者和汇编者共有

D. 委托作品著作权的归属由委托人和受托人通过合同约定；合同未明确约定的，著作权属于受托人

E. 职务作品的著作权均属于单位

【答案】ABD

【提示】本题考查著作权归属的相关知识。

3. 合法翻译已有作品而产生的翻译作品，其著作权应（    ）。

A. 由原作者享有

B. 由原作品的继受著作权人享有

C. 由翻译者享有

D. 由原作者和翻译者共同享有

【答案】C

【提示】本题考查作品著作权归属的相关知识。

4. K出版社委托H大学美术系甲讲师为某书设计封面，但双方没有订立合同。该封面设计作为一个美术作品，其著作权应该由（    ）享有。

A. 甲讲师　　　　　　　B. K出版社

C. K出版社和甲共同　　D. H大学美术系

【答案】A

【提示】本题考查作品著作权归属的相关知识。

5. 甲期刊社员工小陈对某职务作品享有著作权，若小陈在作品完成两年之内许可第三人以与甲期刊社相同的方式使用该作品，应当（    ）。

A. 经甲期刊社同意

B. 将所获报酬全部交给甲期刊社

C. 将甲期刊社作为著作权代理人署名

D. 以甲期刊社的名义签订许可使用合同

E. 将所获报酬与甲期刊社按约定的比例分配

【答案】AE

【提示】本题考查作品著作权归属的相关知识。

6. 我国《著作权法》规定的职务作品著作权归属情况有（　　）等。

A. 由作者享有，但单位有权在其业务范围内优先使用

B. 由作者和单位共同享有一切权利

C. 由单位享有一切权利

D. 人身权由作者享有，财产权由单位享有

E. 署名权由作者享有，其他权利由单位享有

【答案】AE

【提示】本题考查作品著作权归属的相关知识。

7. 张某创作完成一幅画后，委托李某交付拍卖行拍卖，胡某拍得了此画。因此，该画的展览权应属于（　　）。

A. 张某　　　　　　B. 李某

C. 胡某　　　　　　D. 拍卖行

【答案】C

【提示】本题考查作品著作权归属的相关知识。

### 模拟练习

1. 以下关于作品著作权的归属和使用的叙述，错误的是（　　）。

A. 汇编人在汇编作品之前，必须征得原作品著作权人的许可

B. 电影作品的编剧可以不经制片者的许可，将电影剧本单独交出版社出版

C. 剧团创作人员为剧团排演编写的剧本，剧团可以优先使用

D. 委托作品如果没有签订合同，其著作权归受托人

【提示】本题考查作品著作权归属的基本概念和范围。

189

2. 以下关于数据库著作权的说法，错误的有（    ）。

A. 因为数据没有著作权，因此由数据汇编而成的数据库也没有著作权

B. 数据库作为汇编作品予以保护

C. 数据库的汇编人付出了创造性劳动

D. 数据库的建立需要投资

【提示】本题考查作品著作权归属中数据库的归属问题。

3. 电影作品的整体著作权归（    ）所有。

A. 导演　　　　　　　B. 演员

C. 制片人　　　　　　D. 全体演职人员

【提示】本题考查作品著作权归属中电影作品的归属问题。

4. 电影作品的整体著作权归制片人享有，但（    ）等具体创作者可得到劳动报酬，并享有署名权。

A. 编剧　　　　　　　B. 导演

C. 演员　　　　　　　D. 摄影者

E. 作词者、作曲者

【提示】本题考查作品著作权归属中电影作品的归属问题。

5. 作者身份不明的作品，适用（    ）的原则。

A. 无限期保护

B. 首次发表后30年

C. 作者有生之年加死后50年

D. 首次发表后50年

【提示】本题考查作品著作权的保护期限。

【答案】1. A　2. A　3. C　4. ABDE　5. D

## 考点十三：符合合理使用和法定许可规定的作品使用方式（掌握）

 考点解析

表 8—19　　合理使用和法定许可规定的作品使用方式

| | |
|---|---|
| 合理使用 | 国家机关为执行公务在合理范围内使用已经发表的作品 |
| | 为陈列或者保存版本的需要而复制本单位收藏的作品 |
| | 免费表演已发表作品 |
| | 对室外公共场所的艺术作品进行临摹、绘画、摄影、录像 |
| | 将中国作者已发表的汉语作品翻译成少数民族语言作品在国内出版发行 |
| | 将已经发表的作品改成盲文出版 |
| 法定许可 | 使用他人已经合法录制为录音制品的音乐制品制作录音制品 |
| | 广播电台、电视台播放他人已发表的作品 |

### 补充初级内容：六种合理使用方式（熟悉）

 考点解析

表 8—20　　　　　六种合理使用方式

| | |
|---|---|
| 六种合理使用方式 | ①为个人学习、研究或者欣赏，使用他人已经发表的作品<br>②为学校课堂教学或者科学研究，翻译或者少量复制已经发表的作品，供教学或者科研人员使用，但不得出版发行<br>③为介绍、评论某一作品或者说明某一问题，在作品中适当引用他人已经发表的作品<br>④为报道时事新闻，在媒体中不可避免地再现或者引用已发表作品 |

191

续表

| 六种合理使用方式 | ⑤媒体刊登或者播放其他媒体已经发表的关于政治、经济、宗教问题的时事性文章，但作者声明不许刊登、播放的除外<br>⑥媒体刊登或者播放在公众集会上发表的讲话，但作者声明不许刊登、播放的除外 |
|---|---|

补充初级内容：三种法定许可方式（熟悉）

 考点解析

表8—21　　　　三种法定许可方式

| 法定许可 | ①为实施九年制义务教育和国家教育规划而编写出版的教科书汇编已发表作品<br>②报刊转载或作为文摘、资料刊登<br>③广播电台、电视台播放已经出版的录音制品 |
|---|---|

 典型例题

1. 下列情况中，属于著作权法所称"合理使用"的有（　　）。

A. 为说明某一问题而在作品中适当引用已经发表的作品

B. 为报道时事新闻在媒体中不可避免地再现已发表作品

C. 将已发表作品改成盲文出版

D. 将已发表的少数民族语言作品翻译成汉语作品出版

E. 免费表演已发表作品

【答案】 ABCE

【提示】 本题考查著作权法合理使用的范围。

2. 关于著作权法中所说的"合理使用",下列表述中正确的是(    )。

A. 合理使用是对著作权中某些财产权在行使上的限制方式之一

B. 合理使用是指在法律规定的情况下,使用已经发表或未发表的作品,可以不经著作权人许可,也不向其支付报酬,但应指明作者姓名、作品名称,并且不得侵犯著作权人依法享有的其他权利

C. 将已发表作品改成盲文出版,属于合理使用

D. 将中国公民已经发表的以汉语言文字创作的作品翻译成少数民族语言文字作品在国内出版发行,属于合理使用

E. 义演中表演已经发表的作品,属于合理使用

【答案】 ACD

【提示】 本题考查著作权法合理使用的基本概念。

3. 下列行为中,属于著作权法所称"合理使用"的有(    )。

A. 在书评中适当摘引被评图书的内容

B. 期刊转载或摘编互联网上发表的作品

C. 把已经出版的英文作品翻译成维吾尔文出版

D. 拍摄城市绿地中陈列的雕塑作品

E. 把已出版的图书改成盲文出版

【答案】 ADE

【提示】 本题考查著作权法合理使用的范围。

4. 下列演出中,不属于免费表演的是(    )。

A. 没有获利的收费演出

B. 不向观众收取费用,但向表演者支付报酬的演出

193

C. 向观众收取费用，但不向表演者支付报酬的演出

D. 非营利性的演出，既不向观众收取费用，又不向表演者支付报酬的演出

【答案】ABC

【提示】本题考查著作权法中法定许可的范围。

## 模拟练习

1. 我国著作权法对著作权中的某些财产权利在行使方面的限制一般有（　　）等方式。

A. 国家征用　　　　　　B. 法定许可

C. 合理使用　　　　　　D. 强制许可

E. 免费使用

【提示】本题考查著作权法合理使用的基本范围。

2. 以下使用行为中，属于合理使用的是（　　）。

A. 为学校课堂教学，翻译出版他人已经发表的作品，供教学人员使用

B. 国家机关为执行公务使用已经发表的作品

C. 演员义演已经发表的作品

D. 将已经发表的作品改成盲文出版

【提示】本题考查著作权法合理使用的基本概念。

3. 使用他人作品制作录音制品，要适用法定许可，必须是（　　）。

A. 作品在报刊上发表

B. 作品被现场表演

C. 作品已经被授权合法制成录音制品

D. 作品的作者还在世

【提示】本题考查著作权法法定许可的基本概念和范围。

【答案】1. BC　2. D　3. C

## 考点十四:关于著作权的许可使用和转让的知识(掌握)

### 一、许可使用和转让的区别

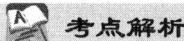

表8—22　　　　　许可使用和转让的区别

| 许可使用 | 转让 |
|---|---|
| 不改变著作权的归属,是使用权的暂时转移,被许可方没有处分权 | 受让人取得的是所有权,可以成为著作权主体,转让一般是无时限的 |
| 按照许可使用合同约定的方式、地域范围和期限使用作品,未经著作权人许可,不能将其获得的使用权再许可第三人使用 | 受让人不仅自己可以使用作品,也可以将所获得的权利再转让给他人或许可第三人使用,并且无须取得原著作权人的同意 |
| 被许可人取得的如果是非专有使用权,当其权利受到侵害时,不能以自己的名义提起诉讼 | 任何受让人对侵犯其财产权的侵权人均可提起侵权之诉 |
| 被许可人支付的是著作权使用费 | 受让人支付的是著作权的价金 |

补充初级内容:著作权许可使用合同(熟悉)

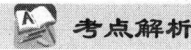

表8—23　　　　　许可使用合同

| 概念 | 著作权人与出版单位就著作权中某项或多项财产权的使用而达成的协议 | |
|---|---|---|
| 具体内容 | 许可使用的权利种类 | |
| | 许可使用的权利是否专有 | |
| | 许可使用的地域范围、期间 | |
| | 付酬标准和办法 | |
| | 违约责任 | |
| | 双方认为需要约定的其他内容 | |

195

## 二、图书出版合同要点

 考点解析

表 8—24　　　　　图书出版合同

| 前言 | 合同双方的名称、地址，作品名称和作者署名 |
|---|---|
| 正文 | 图书出版合同的主体 |
| 尾部 | 合同双方的签字盖章及签约时间 |

## 三、著作权转让合同

 考点解析

表 8—25　　　　　著作权转让合同

| | |
|---|---|
| 主要内容 | 作品的名称 |
| | 转让的权利种类、地域范围 |
| | 转让价金 |
| | 交付转让价金的日期和方式 |
| | 违约责任 |
| | 双方认为需要约定的其他内容 |

模拟练习

1. 以下属于图书出版合同的正文部分的是（　　）。
   A. 合同双方（即著作权人与出版者）的名称、地址和作者署名
   B. 作品名称
   C. 合同生效的日期

D. 合同双方的签字盖章及签约时间

【提示】本题考查图书出版合同正文的具体内容。

2. 著作权转让的价金数额没有统一规定,要根据（　　）由转让人和受让人商定。

A. 受让人的经济实力

B. 转让人的名气

C. 作者在创作作品过程中所付出的精神劳动和物化劳动

D. 该作品的畅销程度

E. 该作品在使用过程中所能产生的经济效益和社会效益

【提示】本题考查著作权转让合同的具体内容。

【答案】1. C　2. CE

## 考点十五：著作权侵权的类型（了解）

### 考点解析

表8—26　　　　　著作权侵权的类型

| | |
|---|---|
| 财产权侵权 | 指未经著作权人许可,以复制、发行、演绎、表演、展览等方式违法使用有关作品,另外还包括侵犯邻接权的行为 |
| 人身权侵权 | 擅自将他人作品公之于众,侵犯发表权 |
| | 书刊出版者把作者的署名印错,侵犯署名权 |
| | 改编者歪曲、篡改作品的思想内容,侵犯保护作品完整权 |
| | 编辑人员擅自修改作品的主要观点或内容,侵犯修改权 |

### 典型例题

将他人作品的一部分稍作文字上的改动调整后作为自己的作品发表,这种行为属于（　　）他人作品。

A. 歪曲　　　　　　B. 剽窃
C. 篡改　　　　　　D. 借鉴

【答案】B

【提示】本题考查著作权侵权的类型。

### 模拟练习

财产权侵权是指以（　　）等方式违法使用有关作品，另外还包括侵犯邻接权的行为。

A. 复制　　　　　　B. 歪曲
C. 发行　　　　　　D. 篡改
E. 演绎

【提示】本题考查著作权侵权中财产权侵权的基本概念。

【答案】ACE

## 考点十六：关于著作权侵权的具体行为及行为者应该承担的法律责任的知识（掌握）

### 考点解析

表8—27　著作权侵权的具体行为及行为者应该承担的法律责任

| | | |
|---|---|---|
| 只须承担民事责任的侵权行为 | 侵犯著作权人人身权利的行为 | 未经著作权人许可，发表其作品 |
| | | 未经合作作者许可，将与他人合作创作的作品当作自己单独创作的作品发表 |
| | | 没有参加创作，为谋取个人名利，在他人作品上署名 |
| | | 歪曲、篡改他人作品 |
| | | 剽窃他人作品 |

续表

| | | |
|---|---|---|
| 只须承担民事责任的侵权行为 | 侵犯著作权人财产权利的行为 | 未经著作权人许可,以展览、摄制电影的方法使用作品,或者以改编、翻译、注释等方式使用作品。本法另有规定的除外 |
| | | 使用他人作品,应当支付报酬而未支付 |
| | | 未经电影作品、计算机软件、录音录像制品的著作权人或者与著作权有关的权利人许可,出租其作品或者录音录像制品。本法另有规定的除外 |
| | 侵犯邻接权的行为 | 未经出版者许可,使用其出版的图书、期刊的版式设计 |
| | | 未经表演者许可,从现场直播或者公开传送其现场表演,或者录制其表演 |
| | 其他侵权行为 | 超出列举范围的侵权行为 |
| 还须承担其他责任的侵权行为 | 侵犯著作权人财产权利的行为 | 未经著作权人许可,复制、发行、表演、放映、广播、汇编、通过信息网络向公众传播其作品。本法另有规定的除外 |
| | 侵犯邻接权的行为 | 未经表演者许可,复制、发行录有其表演的录音录像制品,或者通过信息网络向公众传播其表演。本法另有规定的除外 |
| | | 未经录音录像制作者许可,复制、发行、通过信息网络向公众传播其制作的录音录像制品。本法另有规定的除外 |
| | | 未经许可,播放或者复制广播、电视。本法另有规定的除外 |
| | 与信息网络有关的侵权行为 | 未经著作权人或者与著作权有关的权利人许可,故意避开或者破坏权利人为其作品、录音录像制品等采取的保护著作权或者与著作权有关的权利的技术措施。法律、行政法规另有规定的除外(规避技术措施) |
| | | 未经著作权人或者与著作权有关的权利人许可,故意删除或者改变作品、录音录像制品等的权利管理电子信息,法律、行政法规另有规定的除外(消灭或混淆权利管理信息) |
| | 侵犯专有出版权 | 承担民事、行政甚至刑事责任 |
| | 制作、出售假冒他人署名的作品 | 既侵犯作者精神权利,又属于制作、出售假冒作品的行为 |

### 典型例题

未经作者同意而出版其未发表的作品,既侵犯了作者的发表权,也侵犯了作者的（　　）。

A. 保护作品完整权　　B. 复制权
C. 改编权　　　　　　D. 汇编权

【答案】B
【提示】本题考查侵犯著作权的具体行为。

### 模拟练习

1. 以下著作权侵权行为中,按我国著作权法的规定只承担民事责任的有（　　）。
   A. 未经出版者许可,使用其出版的图书、期刊的版式设计的
   B. 出版他人享有专有出版权的图书的
   C. 制作、出售假冒他人署名的作品的
   D. 剽窃、抄袭他人作品的
   E. 使用他人作品,应当支付报酬而未支付的

   【提示】本题考查著作权侵权的具体行为。

2. 以下不属于侵犯邻接权行为的是（　　）。
   A. 未经出版者许可,使用其出版的图书、期刊的版式设计
   B. 未经表演者许可,从现场直播或者公开传送其现场表演,或者录制其表演
   C. 侵犯专有出版权
   D. 制作、出售假冒他人署名的作品
   E. 未经许可,播放或者复制广播、电视。本法另有规定的除外

   【提示】本题考查著作权侵权中邻接权的侵权行为。

3. 2004 年 5 月，S 出版社未经作者 X 许可出版了他的一部小说。该小说 20 年前已出版，但此后从未重印或再版。2006 年 6 月，作者 X 在书店买到该图书，并于 2006 年 8 月提起诉讼。以下说法错误的是（　　）。

A．S 出版社的行为不属于"出版他人享有专有出版权的图书"
B．S 出版社的行为属于"未经著作权人许可，复制、发行、表演、放映、广播、汇编、通过信息网络向公众传播其作品"
C．S 出版社没有侵犯作者 X 的发表权
D．该侵权行为已超过两年的诉讼时效，作者 X 已丧失实际意义上的诉讼权

【提示】本题考查著作权侵权的范围。
【答案】1．ADE　2．CD　3．D

## 考点十七：著作权纠纷的种类（了解）

 考点解析

表 8—28　　著作权纠纷的种类

| | |
|---|---|
| 著作权侵权纠纷和著作权合同纠纷 | 著作权人之间 |
| | 著作权人与作品使用人之间 |
| | 著作权人与作品传播者之间 |
| | 著作权人与邻接权人之间以及任何与著作权或邻接权有关的第三人之间 |

 模拟练习

著作权纠纷的种类有（　　）。
A．著作权人之间

B. 著作权人与著作权合同签署人之间
C. 著作权人与作品使用人之间
D. 著作权人与作品传播者之间
E. 著作权人与邻接权人之间以及任何与著作权或邻接权有关的第三人之间

【提示】本题考查著作权纠纷的种类。

【答案】ACDE

## 考点十八：著作权纠纷的处理方法和诉讼时效（掌握）

### 考点解析

表8—29　著作权纠纷的处理方法和诉讼时效

| 处理方法 | 调解 | 它不是解决著作权纠纷的法定必经程序，必须贯彻双方自愿原则。诉讼前和诉讼中均可进行 |
|---|---|---|
| | 仲裁 | 没有书面仲裁协议或合同没有仲裁条款的，不得提请仲裁。主要适于著作权合同纠纷 |
| | 诉讼 | 二审判决即为终审判决，必须执行 |
| 诉讼时效 | | 侵犯著作权的诉讼时效为两年，自著作权人知道或者应当知道侵权行为之日起计算 |

### 典型例题

处理著作权纠纷的方法不包括（　　）。

A. 调解　　　　　　　　B. 由出版行政部门裁定
C. 仲裁　　　　　　　　D. 诉讼

【答案】B

【提示】本题考查著作权纠纷的处理方法。

模拟练习

1. 处理著作权纠纷的方法包括（　　）。
A. 调解　　　　　　　B. 仲裁
C. 由出版行政部门裁定　D. 诉讼
E. 申请
【提示】本题考查著作权纠纷的处理方法。
2. 侵犯著作权的诉讼时效为（　　），自著作权人知道或者应当知道侵权行为之日起计算。
A. 半年　　B. 一年　　C. 一年半　　D. 两年
【提示】本题考查著作权纠纷的诉讼时效。
【答案】1. ABD　2. D

## 考点十九：诉讼前临时措施（了解）

 考点解析

| 表8—30 | 诉讼前临时措施 |
|---|---|
| 诉前责令停止侵权和财产保全 | 一是要查清侵权事实，掌握确凿证据；二是提出申请应以书面为准。向侵权行为发生地所在地或被申请人所在地人民法院提起。人民法院收到申请后，必须在48小时内作出书面裁定 |
| 诉前证据保全 | 证据可能灭失或者以后难以取得。人民法院可以责令申请人提供担保，申请人不提供担保的，驳回申请；接受申请的，必须在48小时内作出裁定；如裁定同意申请，应当立即开始执行<br>申请人在人民法院采取证据保全措施后15日内不起诉的，人民法院解除保全措施 |

典型例题

出版社发现自己出版的图书被盗印，可以向（　　）申请采取诉前临时措施。

  A．工商部门    B．公安部门
  C．检察院     D．人民法院

【答案】D

【提示】本题考查诉讼前临时措施。

## 模拟练习

  1．在诉讼前临时措施的诉前责令停止侵权和财产保全中，人民法院收到申请后，必须在（　　）小时内作出书面裁定。

  A．12      B．24
  C．36      D．48

【提示】本题考查著作权诉讼前临时措施的具体内容。

  2．在诉讼前临时措施的诉前证据保全中，申请人在人民法院采取证据保全措施后（　　）日内不起诉的，人民法院解除保全措施。

  A．5       B．10
  C．15      D．20

【提示】本题考查著作权诉讼前临时措施的具体内容。

【答案】1．D 2．C

## 考点二十：关于出版单位应该尊重作者权利的知识（掌握）

### 考点解析

表8—31    依法尊重作者的权利

| | |
|---|---|
| 尊重作者署名权 | 避免漏署作者姓名 |
| | 避免错印作者姓名 |
| | 不能擅自将合作作者已商定的排名顺序予以变更 |

续表

| | |
|---|---|
| 慎重修改作品 | 可修改引文、数据方面的确凿错误以及不符合语言文字规范之处（文字性修改） |
| 明确作品使用方式和所涉权利种类 | 明确约定作品使用方式和著作权种类 |
| 使用作品及时支付报酬 | 没有约定的，出版单位应按照国家规定的付酬标准的上限向著作权人支付报酬，并不得以出版物抵作报酬 |

补充初级内容：以出版纸质出版物的形式使用文字作品的具体方式和标准（掌握）

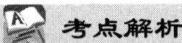
考点解析

表8—32 以出版纸质出版物的形式使用文字作品的具体方式和标准

| | | | | |
|---|---|---|---|---|
| 出版图书的付酬方式 | 版税的方式 | 计付方式 | 规定：图书定价×实际销售数（或印数）×版税率 | |
| | | | 美国：图书批发价×实际销售数×版税率 | |
| | | | 首次发行数不足千册的，按千册支付版税，但在下次结算时对已支付部分不再重复支付 | |
| | 基本稿酬加印数稿酬方式 | 版税率的标准 | 原创：3%~10%；演绎：1%~7% | |
| | | 计算方式 | 总字数=排印版面每行字数×全部实有行数 | |
| | | 基本稿酬的标准 | 原创：80~300元/千字 | 改编：20~100元/千字 |
| | | | 汇编：10~20元/千字 | 翻译：50~200元/千字 |
| | | 印数稿酬的计算 | 以千册为单位，每千册增加1%的基本稿酬，不足千册的按千册计算 | |
| | 一次性付酬方式 | | 付酬的标准和计算方式可参照基本稿酬 | |

续表

| | |
|---|---|
| 报刊刊载作品的付酬方式 | 未与著作权人约定付酬标准的，应按每千字不低于100元的付酬标准向著作权人支付报酬 |
| | 刊载作品不足五百字的，按千字作半计算；超过五百字、不足千字的按千字计算 |
| | 应在刊载后一个月内按每千字不低于100元的标准向著作权人支付报酬 |
| | 转载、摘编他人作品的，应当自使用该作品之日起两个月内按每千字100元的付酬标准向著作权人支付报酬 |
| | 由于著作权人或著作权人地址不明未能向权利人支付报酬的，可将相应报酬连同邮资以及使用作品的有关情况送交中国文字著作权协会代为处理 |

## 模拟练习

1. 出版单位在作品署名问题上出现的失误不包括（    ）。

A. 署名字号太小

B. 擅自将合作作者已商定的排名顺序予以变更

C. 漏署作者姓名

D. 错印作者姓名

【提示】本题考查作者的权利。

2. 如果合作作者事先没有约定，出版单位可以按照（    ）等确定署名顺序。

A. 创作作品付出的劳动多少

B. 作品排列顺序

C. 作者学术水平高低

D. 作者姓氏笔画

E. 作者职位大小

【提示】本题考查出版单位的权利。

【答案】1. A   2. ABD

## 考点二十一：关于依法保护出版单位与著作权有关的权利的知识（掌握）

**考点解析**

表8—33　　　依法保护出版单位的权利

| | | |
|---|---|---|
| 出版社的权利 | 专有出版权 | 出版社：复制权加发行权<br>互联网出版单位：再加信息网络传播权 |
| | 修改、删节权 | 图书出版者经作者许可，可以对作品修改、删节，但不能歪曲、篡改作品 |
| | 重印、再版权 | 如果图书脱销后，出版者拒绝重印、再版，著作权人就有权终止合同 |
| | 版式设计 | 表现为专有复制权，保护期为10年。美术设计享有著作权保护，不在版式设计权的保护范围之内 |
| 期刊出版单位的权利 | 汇编作品著作权 | |
| | 版式设计权 | |
| | 禁止"一稿多投" | |
| | 转载、摘编权 | |
| | 文字性修改权 | |
| | 非专有出版权 | |
| 为合理注意义务的履行保留证据 | 出版者应该对稿件是否确实由真正的著作权人授权使用、作品上的署名是否出自著作权人的真实意愿、作品中的内容是否存在剽窃他人作品等情况予以核实，并保留证据 | |

**典型例题**

1. 著作权法规定的"转载"是指（　　）的行为。
   A．图书登载互联网上的作品
   B．报纸、期刊登载其他报刊上的作品

207

C. 报纸、期刊登载图书的内容

D. 图书登载报刊上的作品

【答案】B

【提示】本题考查出版单位的权利。

2. 图书脱销而出版社拒绝重印、再版，著作权人可以（　　）。

A. 授权其他出版社影印出版该书

B. 向法院提起诉讼

C. 把书稿交给其他出版社出版

D. 按已销图书码洋的30%向出版社索取经济赔偿

【答案】C

【提示】本题考查作者的权利。

3. 判断图书脱销的标准是著作权人寄给出版者的两份订单在（　　）个月内未能得到履行。

A. 1　　　　　　　　　　B. 3

C. 5　　　　　　　　　　D. 6

【答案】D

【提示】本题考查作者的权利。

4. 出版者对其所出版的图书或期刊的版式设计享有为期（　　）年的专有权利。

A. 8　　　　　　　　　　B. 10

C. 15　　　　　　　　　　D. 20

【答案】B

【提示】本题考查出版者的权利。

## 模拟练习

1. 出版社的权利包括（　　）。

A. 专有出版权　　　　　B. 修改、删节权

C. 重印、再版权　　　　D. 制定和修改合同权
E. 版式设计权

【提示】本题考查出版社权利的具体范围。

2. 在出版社的版式设计权中，出版社享有专有复制权，保护期为（　　）年。

A. 2　　　　　　　　B. 5
C. 10　　　　　　　 D. 15

【提示】本题考查出版社版权设计的具体概念。

3. 期刊出版单位的权利包括（　　）。

A. 汇编作品著作权　　B. 版式设计权
C. 禁止"一稿多投"　　D. 转载、摘编权
E. 专有出版权

【提示】本题考查期刊出版单位的权利。

【答案】1. ABCE　2. C　3. ABCD

# 第九章　有关出版的法律法规

## 基本要求

考点一：掌握我国广告法中与出版有关的规定。

考点二：掌握《音像制品管理条例》的基本内容。

考点三：熟悉《音像制品出版管理规定》《音像制品复制管理办法》的主要内容。

考点四：了解《印刷业管理条例》的基本内容，掌握其中关于出版物印刷的规定。

考点五：掌握《图书质量保障体系》中关于图书编辑出版的责任机制的规定。

考点六：掌握《书号实名申领管理办法（试行）》的基本内容。

考点七：熟悉《电子出版物出版管理规定》的基本内容。

考点八：掌握国家有关互联网信息传播的规定。

考点九：了解打击非法出版活动的主要措施以及对淫秽、色情出版物的认定标准。

考点十：熟悉与出版有关的保密规定的主要条款。

考点十一：掌握《关于规范图书出版单位辞书出版业务范围的若干规定》的基本内容。

考点十二：掌握《出版专业技术人员职业资格管理规定》和《出版专业技术人员继续教育暂行规定》的基本内容。

## 考试内容

1. 我国广告法中与出版有关的规定。
2. 《音像制品管理条例》《音像制品出版管理规定》《音像制品复制管理办法》的主要内容。
3. 《印刷业管理条例》的基本内容。
4. 《图书质量保障体系》中关于图书编辑出版的责任机制的规定。
5. 《书号实名申领管理办法（试行）》的基本内容。
6. 《电子出版物出版管理规定》的基本内容。
7. 《互联网信息服务管理办法》《互联网站从事登载新闻业务管理暂行规定》和《互联网新闻信息服务管理规定》的基本内容。
8. 打击非法出版活动的主要措施以及对淫秽、色情出版物的认定标准。
9. 与出版有关的保密规定的主要条款。
10. 《关于规范图书出版单位辞书出版业务范围的若干规定》的基本内容。
11. 《出版专业技术人员职业资格管理规定》和《出版专业技术人员继续教育暂行规定》的基本内容。

### 考点一：我国广告法中与出版有关的规定（掌握）

第七条 广告不得有下列情形：
（一）使用中华人民共和国国旗、国徽、国歌；
（二）使用国家机关和国家工作人员的名义；
（三）使用国家级、最高级、最佳等用语；
（四）妨碍社会安定和危害人身、财产安全，损害社会公共利益；

（五）妨碍社会公共秩序和违背社会良好风尚；

（六）含有淫秽、迷信、恐怖、暴力、丑恶的内容；

（七）含有民族、种族、宗教、性别歧视的内容；

（八）妨碍环境和自然资源；

（九）其他情形。

第十八条　禁止利用广播、电影、电视、报纸、期刊发布烟草广告。

第二十六条　广播电台、电视台、报刊出版单位的广告业务，应当由其专门从事广告业务的机构办理，并依法办理兼营广告的登记。

第三十四条　利用广播、电影、电视、报纸、期刊以及其他媒介发布药品、医疗器械、农药、兽药等商品的广告和法律、行政法规规定应当进行审查的其他广告，必须在发布前依照有关法律、行政法规由有关行政主管部门对广告内容进行审查；未经审查，不得发布。

第四十二条　违反本法第十八条的规定，利用广播、电影、电视、报纸、期刊发布烟草广告的，由广告监督管理机关责令负有责任的广告主、广告经营者、广告发布者停止发布，没收广告费用，可以并处广告费用一倍以上五倍以下的罚款。

### 典型例题

1. 报刊不得发布的广告包括（　　）等。

A. 酒类广告

B. 烟草广告

C. 药品广告

D. 使用国家机关名义的广告

E. 含有性别歧视内容的广告

【答案】BDE

【提示】本题考查我国广告法中与出版有关的规定。

2. 报刊不得发布未经广告审查机关审查的（    ）等商品的广告。

A．医疗器械　　　　　　B．服装
C．药品　　　　　　　　D．食品
E．农药

【答案】ACE

【提示】本题考查我国广告法中与出版有关的规定。

3. 根据《中华人民共和国广告法》，期刊不得发布（    ）。

A．酒类广告　　　　　　B．药品广告
C．电影或电视节目广告　D．烟草广告

【答案】D

【提示】本题考查我国广告法中与出版有关的规定。

## 模拟练习

1. 在以下广告中，报纸、期刊可以发布的有（    ）等。

A．烟草广告
B．药品广告
C．使用国家级、最高级、最佳等用语的广告
D．使用国家工作人员名义的广告

【提示】本题考查我国广告法中与出版有关的规定。

2. 未经广告审查机关审查批准，发布广告的，由广告监督机关责令有责任的广告主、广告经营者、广告发布者停止发布，没收广告费用，并处广告费用（    ）的罚款。

A．1倍以上3倍以下　　　B．2倍以上4倍以下
C．1倍以上5倍以下　　　D．2倍以上5倍以下

【提示】本题考查我国广告法中与出版有关的规定。

【答案】1．B　2．C

## 考点二：《音像制品管理条例》的基本内容（掌握）

**第二条** 本条例适用于录有内容的录音带、录像带、唱片、激光唱盘和激光视盘等音像制品的出版、制作、复制、进口、批发、零售、出租等活动。

音像制品用于广播电视播放的，适用广播电视法律、行政法规。

**第三条** 音像制品禁止载有下列内容：

（一）反对宪法确定的基本原则的；

（二）危害国家统一、主权和领土完整的；

（三）泄露国家秘密、危害国家安全或者损害国家荣誉和利益的；

（四）煽动民族仇恨、民族歧视，破坏民族团结，或者侵害民族风俗、习惯的；

（五）宣扬邪教、迷信的；

（六）扰乱社会秩序，破坏社会稳定的；

（七）宣扬淫秽、赌博、暴力或者教唆犯罪的；

（八）侮辱或者诽谤他人，侵害他人合法权益的；

（九）危害社会公德或者民族优秀文化传统的；

（十）其他禁止的内容。

**第五条** 国家对出版、制作、复制、进口、批发、零售音像制品，实行许可制度；未经许可，任何单位和个人不得从事音像制品的出版、制作、复制、进口、批发、零售等活动。

依照本条例发放的许可证和批准文件，不得出租、出借、出售或者以其他任何形式转让。

**第九条** 申请设立音像出版单位，由所在地省、自治区、直辖市人民政府出版行政主管部门审核同意后，报国务院出版行政主管部门审批。国务院出版行政主管部门应当自受理申请之日起60日内作出批准或者不批准的决定，并通知申请人。批准的，发给《音像制品出版许可证》，由申请人持《音像制品出版许可证》到工商行政管理部门登记，依法领取营业执照；不批准的，应当说明理由。

申请书应当载明下列内容：

（一）音像出版单位的名称、地址；

（二）音像出版单位的主办单位及其主管机关的名称、地址；

（三）音像出版单位的法定代表人或者主要负责人的姓名、住址、资格证明文件；

（四）音像出版单位的资金来源和数额。

第十二条　音像出版单位应当在其出版的音像制品及其包装的明显位置，标明出版单位的名称、地址和音像制品的版号、出版时间、著作权人等事项；出版进口的音像制品，还应当标明进口批准文号。

第十三条　音像出版单位不得向任何单位或者个人出租、出借、出售或者以其他任何形式转让本单位的名称，不得向任何单位或者个人出售或者以其他形式转让本单位的版号。

第十四条　任何单位和个人不得以购买、租用、借用、擅自使用音像出版单位的名称或者购买、伪造版号等形式从事音像制品出版活动。

图书出版社、报社、期刊社、电子出版物出版社，不得出版非配合本版出版物的音像制品；但是，可以按照国务院出版行政主管部门的规定，出版配合本版出版物的音像制品，并参照音像出版单位享有权利、承担义务。

第三十四条　音像出版单位可以按照国家有关规定，批发、零售本单位出版的音像制品。从事非本单位出版的音像制品的批发、零售业务的，应当依照本条例第三十二条的规定办理审批手续，并到原登记的工商行政管理部门办理登记手续。

第三十六条　音像制品批发单位和从事音像制品零售、出租等业务的单位或者个体工商户，不得经营非音像出版单位出版的音像制品或者非音像复制单位复制的音像制品,不得经营未经国务院出版行政主管部门批准进口的音像制品,不得经营侵犯他人著作权的音像制品。

第三十八条 音像制品经营活动的监督管理部门的工作人员从事或者变相从事音像制品经营活动的,参与或者变相参与音像制品经营单位的经营活动的,依法给予撤职或者开除的处分。

音像制品经营活动的监督管理部门有前款所列行为的,对负有责任的主管人员和其他直接责任人员依照前款规定处罚。

第三十九条 未经批准,擅自设立音像制品出版、制作、复制、进口、批发、零售单位,擅自从事音像制品出版、制作、复制业务或者进口、批发、零售经营活动的,由出版行政主管部门、工商行政管理部门依照法定职权予以取缔;依照刑法关于非法经营罪的规定,依法追究刑事责任;尚不够刑事处罚的,没收违法经营的音像制品和违法所得以及进行违法活动的专用工具、设备;违法经营额1万元以上的,并处违法经营额5倍以上10倍以下的罚款;违法经营额不足1万元的,可以处5万元以下的罚款。

第四十一条 走私音像制品的,依照刑法关于走私罪的规定,依法追究刑事责任;尚不够刑事处罚的,由海关依法给予行政处罚。

第四十二条 有下列行为之一的,由出版行政主管部门责令停止违法行为,给予警告,没收违法经营的音像制品和违法所得;违法经营额1万元以上的,并处违法经营额5倍以上10倍以下的罚款;违法经营额不足1万元的,可以处5万元以下的罚款;情节严重的,并责令停业整顿或者由原发证机关吊销许可证:

(一)音像出版单位向其他单位、个人出租、出借、出售或者以其他任何形式转让本单位的名称,出售或者以其他形式转让本单位的版号的;

（二）音像出版单位委托未取得《音像制品制作许可证》的单位制作音像制品，或者委托未取得《复制经营许可证》的单位复制音像制品的；

（三）音像出版单位出版未经国务院出版行政主管部门批准擅自进口的音像制品的；

（四）音像制作单位、音像复制单位未依照本条例的规定验证音像出版单位的委托书、有关证明的；

（五）音像复制单位擅自复制他人的音像制品，或者接受非音像出版单位、个人的委托复制经营性的音像制品，或者自行复制音像制品的。

**第四十七条** 单位违反本条例的规定，被处以吊销许可证行政处罚的，其法定代表人或者主要负责人自许可证被吊销之日起 10 年内不得担任音像制品出版、制作、复制、进口、批发、零售单位的法定代表人或者主要负责人。

从事音像制品零售业务的个体工商户违反本条例的规定，被处以吊销许可证行政处罚的，自许可证被吊销之日起 10 年内不得从事音像制品零售业务。

## 典型例题

1. 走私音像制品尚不够刑事处罚的，由（　　）依法给予行政处罚。

　　A. 工商行政部门　　　　B. 出版行政部门
　　C. 文化行政部门　　　　D. 海关

【答案】D

【提示】本题考查《音像制品管理条例》的基本内容。

2. 音像出版单位从事非本单位出版的音像制品的批发、零售业务，应当报（　　）审批。

　　A. 所在地省级人民政府文化行政部门

217

B. 文化部
C. 国家新闻出版广电总局
D. 所在地省级人民政府出版行政部门

【答案】A

【提示】本题考查《音像制品管理条例》的基本内容。

3. 根据《音像制品管理条例》，音像制品禁止载有（　　）等内容。

A. 泄露国家秘密的　　　　B. 损害国家荣誉的
C. 宣扬个人奋斗的　　　　D. 宣传企业文化的
E. 侮辱他人的

【答案】ABE

【提示】本题考查《音像制品管理条例》的基本内容。

## 模拟练习

1. 国家对音像制品的零售，实行（　　）。

A. 保证金制度　　　　B. 追惩制度
C. 备案制度　　　　　D. 许可制度

【提示】本题考查《音像制品管理条例》的基本内容。

2. 音像出版单位应当在其出版的进口音像制品及其包装的明显位置，标明（　　）。

A. 出版单位的名称、地址
B. 进口批准文号
C. 出版时间
D. 中国标准音像制品编码
E. 责任编辑姓名

【提示】本题考查《音像制品管理条例》的基本内容。

3. 音像出版单位可以按照国家有关规定，（　　）本单位出版的音像制品。

A. 批发　　　　　　　　B. 播放
C. 出租　　　　　　　　D. 出口

【提示】本题考查《音像制品管理条例》的基本内容。

4. 音像制品批发单位不得经营（　　）。
A. 未经国务院出版行政主管部门批准进口的音像制品
B. 侵犯他人著作权的音像制品
C. 图书出版社配合本版书的音像制品
D. 非音像复制单位复制的音像制品
E. 非音像出版单位出版的音像制品

【提示】本题考查《音像制品管理条例》的基本内容。

5. 从事音像制品零售业务的个体工商户违反本条例的规定，被处以吊销许可证行政处罚的，自许可证被吊销之日起（　　）年内不得从事音像制品零售业务。
A. 10　　　　　　　　　B. 5
C. 3　　　　　　　　　 D. 2

【提示】本题考查《音像制品管理条例》的基本内容。

【答案】1. D　2. ABC　3. A　4. ABDE　5. A

## 考点三：《音像制品出版管理规定》《音像制品复制管理办法》的主要内容（熟悉）

### 《音像制品出版管理规定》（节选）

**第七条**　设立音像出版单位，应当具备下列条件：
（一）有音像出版单位的名称、章程；
（二）有符合新闻出版总署认定的主办单位及其主管机关；
（三）有确定的业务范围；
（四）有适应业务范围需要的组织机构和取得国家出版专业技术人员资格的编辑人员，其人数不得少于10人，其中从事音像出版业务2年以上并具有中级以上出版专业技术人员职业资格的不得少于5人；

（五）有30万元以上的注册资本；

（六）有适应业务范围需要的设备和工作场所，其固定工作场所面积不得低于200平方米；

（七）法律、行政法规规定的其他条件。

**第八条** 申请设立音像出版单位，由主办单位向所在地省、自治区、直辖市人民政府出版行政部门提出申请；省、自治区、直辖市人民政府出版行政部门自受理申请之日起20日内提出审核意见，连同申请材料报新闻出版总署审批。

**第十四条** 音像出版单位的法定代表人或者主要负责人应当具有中级以上出版专业技术人员职业资格，具有从事音像出版业务3年以上的经历，并应通过新闻出版总署或省、自治区、直辖市人民政府出版行政部门组织的岗位培训，获得《岗位培训合格证书》。

**第二十四条** 经批准出版的配合本版出版物音像制品，其名称须与本版出版物一致，并须与本版出版物统一配套销售，不得单独定价销售。

**第三十条** 用于无偿赠送、发放及业务交流的音像制品属于音像非卖品，不得定价，不得销售或变相销售，不得收取任何费用。

**第三十二条** 音像非卖品须统一编号。编号为四段：第一段为各省、自治区、直辖市简称，第二段为"音像非卖品"字样，第三段为年度，第四段为数字编号。音像非卖品应当在其包装和盘（带）显著位置注明其音像非卖品编号。

## 《音像制品复制管理办法》（节选）

**第五条** 设立音像复制单位应当具备下列条件：

（一）符合音像事业发展规划；

（二）有明确的业务范围；

（三）有适应业务范围需要的组织机构；
（四）有必需的资金、设备和复制场所。

**第九条** 音像复制单位改变名称、隶属关系、业务范围的，应当依照本办法第六条、第七条的规定重新办理审批登记手续。音像复制单位更换或增加录音带、录像带复制生产线，应报省级音像制品行政管理部门批准并报新闻出版署备案；更换或增加激光唱盘、激光视盘复制生产线（含母版刻录线），应由省级音像制品行政管理部门审核后报新闻出版署审批。

音像复制单位改变地址、主要负责人或者法定代表人的，应当到原发证机关办理变更登记手续。

音像复制单位终止复制经营活动的，应当自停止经营活动之日起30日内到原发证机关办理注销登记手续。

**第十三条** 音像复制单位对委托加工的音像制品必须全部交付委托单位，不得私自加录、销售，不得将委托单位提供的母带、模版以任何方式转让、出售、复制给任何单位和个人。

**第二十二条** 音像复制单位违反本办法的，音像制品行政管理部门除建议主管部门对有关责任人员给予相应的行政处分外，还可根据情节轻重，直接给予音像复制单位下列行政处罚：

（一）警告；
（二）没收复制成品；
（三）没收违法所得；
（四）处违法所得5倍以上10倍以下的罚款；
（五）责令停止复制音像制品；
（六）吊销音像制品复制经营许可证。

以上处罚，可以并处。

新闻出版署可以对音像复制单位给予本条所列各项行政处罚；县级以上音像制品行政管理部门可以对本行政区域音像复制单位给予本条所列（一）至（五）项行政处罚。

### 典型例题

1. 设立音像出版单位，应具备（    ）等条件。

   A. 有符合国务院出版行政部门认定的主办单位和主管单位

   B. 有音像出版单位的名称、章程和确定的业务范围

   C. 有固定的音像作品创作队伍

   D. 法定代表人具有高级专业技术职务

   E. 有适应业务范围要求的资金、设备和工作场所

   【答案】ABE

   【提示】本题考查《音像制品出版管理规定》的主要内容。

2. 图书出版单位配合本版图书出版音像制品，应该做到（    ）等。

   A. 将图书稿件提交出版行政部门进行内容审查

   B. 向主办单位提交申请书和样本

   C. 所出音像制品名称与图书一致

   D. 由省级新闻出版局指定的单位复制音像制品

   E. 所出音像制品与图书统一配套销售，不得单独定价销售

   【答案】CE

   【提示】本题考查《音像制品出版管理规定》的主要内容。

### 模拟练习

按设立音像出版单位应当具备的条件，以下说法中正确的有（    ）。

A. 有音像出版单位的名称、章程

B. 有灵活的业务范围

C. 有 30 万元以上的注册资本

D. 从事音像出版业务 2 年以上并具有中级以上出版专业技

术职业资格的人员不得少于 10 人

E. 其固定工作场所面积不得低于 100 平方米

【提示】本题考查《音像制品出版管理规定》的主要内容。

【答案】AC

**考点四：《印刷业管理条例》的基本内容（了解），其中关于出版物印刷的规定（掌握）**

（一）《印刷业管理条例》的基本内容（节选）

第二条　本条例适用于出版物、包装装潢印刷品和其他印刷品的印刷经营活动。

本条例所称出版物，包括报纸、期刊、书籍、地图、年画、图片、挂历、画册及音像制品、电子出版物的装帧封面等。

本条例所称包装装潢印刷品，包括商标标识、广告宣传品及作为产品包装装潢的纸、金属、塑料等的印刷品。

本条例所称其他印刷品，包括文件、资料、图表、票证、证件、名片等。

本条例所称印刷经营活动，包括经营性的排版、制版、印刷、装订、复印、影印、打印等活动。

第五条　印刷业经营者应当建立、健全承印验证制度、承印登记制度、印刷品保管制度、印刷品交付制度、印刷活动残次品销毁制度等。具体办法由国务院出版行政部门会同国务院公安部门制定。

印刷业经营者在印刷经营活动中发现违法犯罪行为，应当及时向公安部门或者出版行政部门报告。

第九条　设立从事出版物、包装装潢印刷品和其他印刷品印刷经营活动的企业，应当向所在地省、自治区、直辖市人民政府出版行政部门提出申请；其中，设立专门从事名片印刷的企业，应当向所在地县级人民政府出版行政部门提出申请。申请人经审核批准的，取得印刷经营许可证；并按照国家有关规定持印刷经营许可证向公安部门提出申请，经核准，取得特种行业许可证后，持印刷经营许可证、特种行业许可证向工商行政管理部门申请登记注册，取得营业执照。个人不得从事出版物、包装装潢印刷品印刷经营活动；个人从事其他印刷品印刷经营活动的，依照前款的规定办理审批手续。

**第十二条** 国家允许设立中外合资经营印刷企业、中外合作经营印刷企业，允许设立从事包装装潢印刷品印刷经营活动的外资企业。具体办法由国务院出版行政部门会同国务院对外经济贸易主管部门制定。

（二）《印刷业管理条例》中关于出版物印刷的规定（节选）

**第十四条** 国家鼓励从事出版物印刷经营活动的企业及时印刷体现国内外新的优秀文化成果的出版物，重视印刷传统文化精品和有价值的学术著作。

**第十五条** 从事出版物印刷经营活动的企业不得印刷国家明令禁止出版的出版物和非出版单位出版的出版物。

**第十七条** 印刷企业接受出版单位委托印刷报纸的，必须验证报纸出版许可证；接受出版单位的委托印刷报纸、期刊的增版、增刊的，还必须验证主管的出版行政部门批准出版增版、增刊的文件。

**第十八条** 印刷企业接受委托印刷内部资料性出版物的，必须验证县级以上地方人民政府出版行政部门核发的准印证。

印刷企业接受委托印刷宗教内容的内部资料性出版物的，必须验证省、自治区、直辖市人民政府宗教事务管理部门的批准文件和省、自治区、直辖市人民政府出版行政部门核发的准印证。

出版行政部门应当自收到印刷内部资料性出版物或者印刷宗教内容的内部资料性出版物的申请之日起30日内作出是否核发准印证的决定，并通知申请人；逾期不作出决定的，视为同意印刷。

第十九条　印刷企业接受委托印刷境外的出版物的，必须持有关著作权的合法证明文件，经省、自治区、直辖市人民政府出版行政部门批准；印刷的境外出版物必须全部运输出境，不得在境内发行、散发。

第二十一条　印刷企业不得盗印出版物，不得销售、擅自加印或者接受第三人委托加印受委托印刷的出版物，不得将接受委托印刷的出版物纸型及印刷底片等出售、出租、出借或者以其他形式转让给其他单位或者个人。

第二十二条　印刷企业不得征订、销售出版物，不得假冒或者盗用他人名义印刷、销售出版物。

### 典型例题

书刊出版单位委托印刷企业印刷书刊，应当按照国家有关规定向印刷企业（　　）。

A. 提供印制材料

B. 提交印刷委托书

C. 按估计工价总额的30%支付定金

D. 出示著作权登记证明

【答案】B

【提示】本题考查《印刷业管理条例》的基本内容。

### 模拟练习

1. 《印刷业管理条例》所称出版物，包括（　　）等。

A. 地图　　　　　　　　B. 文件

C. 挂历　　　　　　　　D. 广告宣传品

E. 音像制品、电子出版物的装帧封面

【提示】本题考查《印刷业管理条例》的基本内容。

2. 印刷业经营者应当建立、健全（　　）等制度。

A. 印刷品保管制度　　　　B. 承印备案制度

C. 承印验证制度　　　　　D. 印刷品交付制度

E. 印刷活动残次品销毁制度

【提示】本题考查《印刷业管理条例》的基本内容。

3. 印刷业经营者在印刷经营活动中发现违法犯罪行为，应当及时向（　　）或者出版行政部门报告。

A. 工商行政部门　　　　　B. 公安部门

C. 文化行政部门　　　　　D. 党委宣传部门

【提示】本题考查《印刷业管理条例》的基本内容。

4. 从事出版物印刷经营活动的企业不得印刷（　　）。

A. 境外出版物

B. 内部资料性出版物

C. 宗教内容的内部资料性出版物

D. 非出版单位出版的出版物

E. 国家明令禁止出版的出版物

【提示】本题考查《印刷业管理条例》的基本内容。

【答案】1. ACE　2. ACDE　3. B　4. DE

## 考点五：《图书质量保障体系》中关于图书编辑出版的责任机制的规定（掌握）

### 第二章　编辑出版责任机制

#### 第一节　前期保障机制

**第五条**　坚持按专业分工出书制度。按专业分工出书对于发挥出版社的专业人才、资源优势和特点，为本行业、本部门、本地区服务，提高图书质量，形成出版特色，具有重要作用。各出版社必须严格按照新闻出版署核定的出书范围和有关规定执行。

**第六条** 加强选题策划工作。

（一）图书质量的提高，首先取决于选题的优化，优化的第一步要搞好选题的策划工作。

（二）策划是出版工作的重要环节，出版社的全体编辑人员应认真履行编辑职责，积极参与选题的策划工作。

（三）出版社编辑人员在策划选题时，要注意广泛收集、积累、研究与本社出书范围有关的信息，注意加强与有关学术、科研、教学、创作等部门和专家、学者的联系，倾听他们的意见，提高策划水平。

**第七条** 坚持选题论证制度。选题质量的低劣，直接影响图书质量，也影响出版社的整体出版水平。出版社要对选题进行多方面的考察，既要从微观上论证选题的可行性，又要从宏观上考虑各类选题的合理结构，为此要注意以下三点：

（一）选题论证应当坚持以马克思列宁主义、毛泽东思想，邓小平同志建设有中国特色社会主义理论为指导，坚持党的基本路线，贯彻"为人民服务、为社会主义服务、为全党全国工作大局服务"和"百花齐放、百家争鸣"的方针，始终以社会效益为最高准则，在此前提下，注意经济效益，力争做到"两个效益"的最佳结合。使选题论证结果符合质量第一的原则，符合控制总量、优化结构、提高质量、增进效益的总体要求。

（二）要加强调研工作，充分运用各方面的信息资源和群体的知识资源，进行深入的调查研究，研究有关的学术、学科发展状况，了解读者的需求，掌握图书市场的供求情况，使选题的确定建立在准确、可靠、科学的基础上。

（三）坚持民主和集中相结合的论证方法。召开选题论证会议，论证时，人人平等，各抒己见，重科学分析，有理有据，力争取得一致意见。在意见不一致的情况下，由社长或总编辑决定。

## 第二节 中期保障机制

**第八条** 坚持稿件三审责任制度。审稿是编辑工作的中心环节，是一种从出版专业角度，对书稿进行科学分析判断的理性活动。因此，在选题获得批准后，要做好编前准备工作，加强与作者的联系。稿件交来后，要切实做好初审、复审和终审工作，三个环节缺一不可。三审环节中，任何两个环节的审稿工作不能同时由一人担任。在三审过程中，始终要注意政治性和政策性问题，同时切实检查稿件的科学性、艺术性和知识性问题。

（一）初审，应由具有编辑职称或具备一定条件的助理编辑人员担任（一般为责任编辑），在审读全部稿件的基础上，主要负责从专业的角度对稿件的社会价值和文化学术价值进行审查，把好政治关、知识关、文字关。要写出初审报告，并对稿件提出取舍意见和修改建议。

（二）复审，应由具有正、副编审职称的编辑室主任一级的人员担任。复审应审读全部稿件，并对稿件质量及初审报告提出复审意见，作出总的评价，并解决初审中提出的问题。

（三）终审，应由具有正、副编审职称的社长、总编辑（副社长、副总编辑）或由社长、总编辑指定的具有正、副编审职称的人员担任（非社长、总编辑终审的书稿意见，要经过社长、总编辑审核），根据初、复审意见，主要负责对稿件的内容，包括思想政治倾向、学术质量、社会效果、是否符合党和国家的政策规定等方面做出评价。如果选题涉及国家安全、社会安定等方面内容，属于应当由主管部门转报国务院出版行政部门备案的重大选题，或初审和复审意见不一致的，终审者应通读稿件，在此基础上，对稿件能否采用作出决定。

**第九条** 坚持责任编辑制度。图书的责任编辑由出版社指定，一般由初审者担任。除负责初审工作外，还要负责稿件的编辑加工整理和付印样的通读工作，使稿件的内容更完善，体例更严谨，材料更准确，语言文字更通达，逻辑更严密，消除一般技术性差错，防止出现原则性错误；并负责对编辑、设计、排版、校对、印刷等出版环节的质量进行监督。为保证图书质量，也可根据稿件情况，适当增加责任编辑人数。

　　第十条　坚持责任设计编辑制度和设计方案三级审核制度。图书的整体设计，包括图书外部装帧设计和内文版式设计。设计质量是图书整体质量的重要组成部分。提高图书的整体设计质量，是提高图书质量的重要方面。出版社每出一种书，都要指定一名具有相应专业职称的编辑为责任设计编辑，主要负责提出图书的整体设计方案、具体设计或对委托他人设计的方案和设计的成品质量进行把关。图书的整体设计也要严格执行责任设计编辑；编辑室主任、社长或总编辑（副社长或副总编辑）三级审核制度。

　　第十一条　坚持责任校对制度和"三校一读"制度。

　　专业校对是出版流程中不可缺少的环节，直接影响图书的质量。出版社应配备足够的具有专业技术职称的专职校对人员，负责专业校对工作。出版社每出一种书，都要指定一名具有专业技术职称的专职校对人员为责任校对，负责校样的文字技术整理工作，监督检查各校次的质量，并负责付印样的通读工作。一般图书的专业校对应不低于三个校次，重点图书、工具书等，应相应增加校次。终校必须由本社有中级以上专业技术职称的专职校对人员担任。聘请的社外校对人员，必须具有相应的专业技术职称和丰富的校对经验。对采用现代排版技术的图书，还要通读付印软片或软片样。

　　第十二条　坚持印刷质量标准和《委托书》制度。出版社印制图书必须到有"书报刊印刷许可证"的印装厂印制。印装厂承接图书印制业务时，必须查验出版社开具的全国统一的由新闻出版署监制的《委托书》，否则，不得承印。印制时必须严格按照国家技术监督部门和出版行政部门制定的有关书刊印刷标准和书刊印刷产品质量监督管理规定执行。

第十三条 坚持图书书名页使用标准。图书书名页是图书正文之前载有完整书名信息的书页,包括主书名页和附书名页。主书名页应载有完整的书名、著作责任说明、版权说明、图书在版编目数据、版本记录等内容;附书名页应载有多卷书、丛书、翻译书等有关书名信息。图书书名页是图书不可缺少的部分,具有重要信息价值。出版社出版的图书必须严格按照国家的有关标准执行。

第十四条 坚持中国标准书号和图书条码使用标准。中国标准书号是目前国际通用的一种科学合理的图书编码系统。条码技术是国际上通行的一种主要的信息标识技术,图书使用条码技术,有利于图书信息在销售中的广泛、快捷地传播、使用。出版社必须严格按照国家标准和有关规定,正确使用中国标准书号和条码技术。

### 第三节 后期保障机制

第十五条 坚持图书成批装订前的样书检查制度。印装厂在每种书封面和内文印刷完毕、未成批装订前,必须先装订10本样书,送出版社查验。出版负责联系印制的业务人员、责任编辑、责任校对及主管社领导,应从总体上对装订样书的质量进行审核,如发现问题,立即通知印装厂,封存待装订的印成品并进行处理;如无问题,要正式具文通知印装厂开始装订。出版社应在接到样书后3日内通知印装厂。印装厂在未接到出版社的通知前,不得擅自将待装订的印成品装订出厂。

第十六条 坚持出书后的评审制度。出版社要成立图书质量评审委员会。评审委员会由具有高级职称的在职或离职的编辑以及社会上的专家学者组成,定期对本社新出版的图书的质量进行认真的审读、评议。出版社根据评议结果,奖优罚劣,并对质量有问题的图书,根据有关规定,进行相应处理。

第十七条 坚持图书征订广告审核制度。出版社法人代表应对本版图书的广告质量负全部责任。出版、发行单位为推销图书印制的征订单和广告，必须事先报出版社审核，经出版社法人指定的部门负责人和责任编辑审核同意并出具书面意见后，才可印制、散发。

**第十八条** 坚持图书样本缴送制度。出版社每新出一种图书，应在出书后一个月内，按规定分别向新闻出版署、中宣部出版局、中国版本图书馆、北京图书馆缴送样书一册（套）备查。

**第十九条** 坚持图书重版前审读制度。图书重版有利于扩大图书的社会效益和经济效益，因此，更需要对图书内容质量严格把关。出版社出版的新书首次重版前，必须组织具有高级职称的编辑人员（含具有高级职称的离退休者）对图书内容和质量重新进行审读，写出书面审读意见，由社长或总编辑核定。

**第二十条** 坚持稿件及图书质量资料归档制度。出版社应将稿件连同图书出版合同、稿件审读意见、稿费通知单、印刷委托书、排印单、样本等一起归档。同时还必须把图书出版过程中每一环节的质量情况以及读者和学术界对图书质量的意见，书评和各种奖励或处罚情况，采用表格形式记录在案并归档，便于对图书质量整体情况进行分析研究，提高图书出版质量的管理水平。

**第二十一条** 坚持出版社与作者和读者联系制度。出版社要保持同作者和读者长期、紧密的联系，依靠作者，并在可能的条件下为作者的创作、研究提供必要条件；同时，倾听作者和读者对图书质量的意见，及时改进工作。

### 典型例题

1. 如果责任编辑（　　），且情节严重，应注销其责任编辑证书。

A. 参与买卖书号、刊号

B. 所负责的出版物出现内容质量违法问题
C. 所负责的出版物出现编校质量违法问题
D. 未能完成年度工作量定额
E. 年度考核成绩不合格

【答案】ABC

【提示】本题考查《图书质量保障体系》中关于图书编辑出版的责任机制的规定。

2. 进行图书编校质量检查时，对每种书至少应检查内容（或页码）连续的（    ）万字，而对全书总字数不足该数量的图书应检查全书。

A. 2                          B. 5
C. 8                          D. 10

【答案】D

【提示】本题考查《图书质量保障体系》中关于图书编辑出版的责任机制的规定。

## 模拟练习

1. 按《图书质量保障体系》的规定，"编辑出版责任机制"中的"前期保障机制"包括（    ）。

A. 坚持按专业分工出书制度
B. 坚持稿件三审责任制度
C. 加强选题策划工作
D. 坚持责任编辑制度
E. 坚持选题论证制度

【提示】本题考查《图书质量保障体系》中关于图书编辑出版的责任机制的规定。

2. 按《图书质量保障体系》的规定，稿件的复审人只能是（    ）。

A. 具有正、副编审职称的编辑
B. 具有正、副编审职称的编辑室主任一级的人员
C. 具有正、副编审职称的社长、总编辑（副社长、副总编辑）
D. 由社长、总编辑指定的具有正、副编审职称的人员

【提示】本题考查《图书质量保障体系》中关于图书编辑出版的责任机制的规定。

3. 稿件的初审要把好（　　）。
A. 政策关　　　　　　　B. 政治关
C. 知识关　　　　　　　D. 文字关
E. 艺术关

【提示】本题考查《图书质量保障体系》中关于图书编辑出版的责任机制的规定。

4. 以下属于"编辑出版责任机制"中的"中期保障机制"的是（　　）。
A. 坚持图书成批装订前的样书检查制度
B. 加强选题策划工作
C. 坚持图书书名页使用标准
D. 坚持重大选题备案制度

【提示】本题考查《图书质量保障体系》中关于图书编辑出版的责任机制的规定。

5. 按坚持图书征订广告审核制度的规定，出版、发行单位为推销图书印制的征订单和广告，经出版社（　　）审核同意并出具书面意见后，才可印制、散发。
A. 法人代表　　　　　　B. 总编辑
C. 策划编辑　　　　　　D. 责任编辑
E. 法人指定的部门负责人

【提示】本题考查《图书质量保障体系》中关于图书编辑出版的责任机制的规定。

233

6. 按坚持图书成批装订前的样书检查制度的规定,印装厂在每种书封面和内文印刷完毕、未成批装订前,必须先装订( )本样书,送出版社查验。

A. 20  B. 15
C. 10  D. 5

【提示】本题考查《图书质量保障体系》中关于图书编辑出版的责任机制的规定。

【答案】1. ACE  2. B  3. BCD  4. C  5. DE  6. C

## 考点六:《书号实名申领管理办法(试行)》的基本内容(掌握)

第二条 逐步实行书号、条码、CIP 等出版基本信息的统一,为行业发展服务。

第三条 书号实名申领实行属地管理和谁主管谁负责的原则。

第四条 书号实名申领是指出版单位在图书出版活动中按书稿实名申领书号,有关部门见稿给号,一书一号。

第七条 新闻出版总署条码中心在技术层面负责书号的实名申领工作。

第八条 出版单位在按规定完成书稿"三审"程序后,方可进行书号实名申领。重大题材作品和重大选题,在履行重大选题备案手续后方可进行书号实名申领。

第十一条 各省、自治区、直辖市出版行政部门应对所辖出版单位的申请在 7 个工作日内通过书号实名申领信息系统予以办理。

第十四条 出版单位书号申领有下列行为之一的,由新闻出版总署或省、自治区、直辖市新闻出版行政部门责令改正、给予警告:

(一)提供虚假出版信息的;

(二)不按《中国标准书号》标准使用书号的;

（三）书稿出版后不及时报送出版信息的。

### 模拟练习

1. 书号实名申领实行（　　）的原则。
A. 部门管理和谁主办谁负责
B. 属地管理和谁主办谁负责
C. 属地管理和谁主管谁负责
D. 部门管理和谁主管谁负责

【提示】本题考查《书号实名申领管理办法（试行）》的基本内容。

2. 按《书号实名申领管理办法（试行）》的规定，以下说法中错误的是（　　）。
A. 书号实名申领实行属地管理和谁主管谁负责的原则
B. 本办法所称书号是指中国标准书号
C. 出版单位在按规定完成书稿"三审"程序后，方可进行书号实名申领
D. 各省级出版行政部门应对所辖出版单位的申请在一周内通过书号实名申领信息系统予以办理

【提示】本题考查《书号实名申领管理办法（试行）》的基本内容。

【答案】1. C　2. D

### 考点七：《电子出版物出版管理规定》的基本内容（熟悉）

第六条　设立电子出版物出版单位，应当具备下列条件：
（一）有电子出版物出版单位的名称、章程；
（二）有符合新闻出版总署认定条件的主管、主办单位；
（三）有确定的电子出版物出版业务范围；

（四）有 200 万元以上的注册资本；

（五）有适应业务范围需要的设备和工作场所，其固定工作场所面积不得少于 200 平方米；

（六）有适应业务范围需要的组织机构，有 2 人以上具有中级以上出版专业职业资格；

（七）法律、行政法规规定的其他条件。

第十四条　申请出版连续型电子出版物，经主管单位同意后，由主办单位向所在地省、自治区、直辖市新闻出版行政部门提出申请；经省、自治区、直辖市新闻出版行政部门审核同意后，报新闻出版总署审批。

本规定所称连续型电子出版物，是指有固定名称，用卷、期、册或者年、月顺序编号，按照一定周期出版的电子出版物。

第十五条　申请出版连续型电子出版物，应当提交下列材料：

（一）申请书，应当载明连续型电子出版物的名称、刊期、媒体形态、业务范围、读者对象、栏目设置、文种等；

（二）主管单位的审核意见。

申请出版配报纸、期刊的连续型电子出版物，还须报送报纸、期刊样本。

第十六条　经批准出版的连续型电子出版物，新增或者改变连续型电子出版物的名称、刊期与出版范围的，须按照本规定第十四条、第十五条办理审批手续。

第十七条　出版行政部门对从事电子出版物制作的单位实行备案制管理。

本规定所称电子出版物制作，是指通过创作、加工、设计等方式，提供用于出版、复制、发行的电子出版物节目源的经营活动。

第四十二条　委托复制电子出版物非卖品，须向委托方或受托方所在地省、自治区、直辖市新闻出版行政部门提出申请，申请书应写明电子出版物非卖品的使用目的、名称、内容、发送对象、复制数量、载体形式等,并附样品。

电子出版物非卖品内容限于公益宣传、企事业单位业务宣传、交流、商品介绍等,不得定价,不得销售、变相销售或与其他商品搭配销售。

**第四十四条** 电子出版物非卖品载体的印刷标识面及其装帧的显著位置应当注明电子出版物非卖品统一编号,编号分为四段:第一段为方括号内的各省、自治区、直辖市简称,第二段为"电子出版物非卖品"字样,第三段为圆括号内的年度,第四段为顺序编号。

## 模拟练习

1. 以下关于电子出版物出版单位的设立条件的说法,错误的是(    )。
   A. 有电子出版物出版单位的名称、章程
   B. 有100万元以上的注册资本
   C. 有适应业务范围需要的组织机构,有2人以上具有中级以上出版专业职业资格
   D. 有确定的电子出版物出版业务范围

【提示】本题考查《电子出版物出版管理规定》的基本内容。

2. 出版行政部门对从事电子出版物制作的单位实行(    )管理。
   A. 备案制　　　　　　　　B. 许可制
   C. 追惩制　　　　　　　　D. 保证金制

【提示】本题考查《电子出版物出版管理规定》的基本内容。

3. 申请出版配报纸、期刊的连续型电子出版物,应当提交

(　　)等材料。

A. 当地党委宣传部门的审核意见

B. 报纸、期刊样本

C. 主办单位的出版方案

D. 主管单位的审核意见

E. 申请书

【提示】本题考查《电子出版物出版管理规定》的基本内容。

4. 电子出版物非卖品载体的印刷标识面及其装帧的显著位置应当注明电子出版物非卖品统一编号,编号分为四段,其中第二段为(　　)。

A. "电子出版物非卖品"字样

B. 顺序编号

C. 方括号内的各省、自治区、直辖市简称

D. 圆括号内的年度

【提示】本题考查《电子出版物出版管理规定》的基本内容。

【答案】1. B　2. A　3. BDE　4. A

## 考点八：国家有关互联网信息传播的规定（掌握）

### 《互联网信息服务管理办法》（节选）

**第三条** 互联网信息服务分为经营性和非经营性两类。

经营性互联网信息服务,是指通过互联网向上网用户有偿提供信息或者网页制作等服务活动。

非经营性互联网信息服务,是指通过互联网向上网用户无偿提供具有公开性、共享性信息的服务活动。

**第四条** 国家对经营性互联网信息服务实行许可制度；对非经营性互联网信息服务实行备案制度。

未取得许可或者未履行备案手续的,不得从事互联网信息服务。

**第五条** 从事新闻、出版、教育、医疗保健、药品和医疗器械等互联网信息服务,依照法律、行政法规以及国家有关规定须经有关主管部门审核同意,在申请经营许可或者履行备案手续前,应当依法经有关主管部门审核同意。

**第七条** 从事经营性互联网信息服务,应当向省、自治区、直辖市电信管理机构或者国务院信息产业主管部门申请办理互联网信息服务增值电信业务经营许可证(以下简称经营许可证)。

省、自治区、直辖市电信管理机构或者国务院信息产业主管部门应当自收到申请之日起60日内审查完毕,作出批准或者不予批准的决定。予以批准的,颁发经营许可证;不予批准的,应当书面通知申请人并说明理由。

申请人取得经营许可证后,应当持经营许可证向企业登记机关办理登记手续。

**第十九条** 违反本办法的规定,未取得经营许可证,擅自从事经营性互联网信息服务,或者超出许可的项目提供服务的,由省、自治区、直辖市电信管理机构责令限期改正,有违法所得的,没收违法所得,处违法所得3倍以上5倍以下的罚款;没有违法所得或者违法所得不足5万元的,处10万元以上100万元以下的罚款;情节严重的,责令关闭网站。

违反本办法的规定,未履行备案手续,擅自从事非经营性互联网信息服务,或者超出备案的项目提供服务的,由省、自治区、直辖市电信管理机构责令限期改正;拒不改正的,责令关闭网站。

**《互联网站从事登载新闻业务管理暂行规定》(节选)**

**第四条** 国务院新闻办公室负责全国互联网站从事登载新

闻业务的管理工作。

省、自治区、直辖市人民政府新闻办公室依照本规定负责本行政区域内互联网站从事登载新闻业务的管理工作。

**第七条** 非新闻单位依法建立的综合性互联网站（以下简称综合性非新闻单位网站），具备本规定第九条所列条件的，经批准可以从事登载中央新闻单位、中央国家机关各部门新闻单位以及省、自治区、直辖市直属新闻单位发布的新闻的业务，但不得登载自行采写的新闻和其他来源的新闻。非新闻单位依法建立的其他互联网站，不得从事登载新闻业务。

**第八条** 综合性非新闻单位网站依照本规定第七条从事登载新闻业务，应当经主办单位所在地省、自治区、直辖市人民政府新闻办公室审核同意，报国务院新闻办公室批准。

**第九条** 综合性非新闻单位网站从事登载新闻业务，应当具备下列条件：

（一）有符合法律、法规规定的从事登载新闻业务的宗旨及规章制度；

（二）有必要的新闻编辑机构、资金、设备及场所；

（三）有具有相关新闻工作经验和中级以上新闻专业技术职务资格的专职新闻编辑负责人，并有相应数量的具有中级以上新闻专业技术职务资格的专职新闻编辑人员；

（四）有符合本规定第十一条规定的新闻信息来源。

**《互联网新闻信息服务管理规定》（节选）**

**第二条** 在中华人民共和国境内从事互联网新闻信息服务，应当遵守本规定。

本规定所称新闻信息，是指时政类新闻信息，包括有关政治、经济、军事、外交等社会公共事务的报道、评论，以及有关社会突发事件的报道、评论。

本规定所称互联网新闻信息服务，包括通过互联网登载新闻信息、提供时政类电子公告服务和向公众发送时政类通信信息。

**第四条** 国务院新闻办公室主管全国的互联网新闻信息服务监督管理工作。省、自治区、直辖市人民政府新闻办公室负责本行政区域内的互联网新闻信息服务监督管理工作。

**第七条** 设立本规定第五条第一款第（一）项规定的互联网新闻信息服务单位，应当具备下列条件：

（一）有健全的互联网新闻信息服务管理规章制度；

（二）有5名以上在新闻单位从事新闻工作3年以上的专职新闻编辑人员；

（三）有必要的场所、设备和资金，资金来源应当合法。

可以申请设立前款规定的互联网新闻信息服务单位的机构，应当是中央新闻单位，省、自治区、直辖市直属新闻单位，以及省、自治区人民政府所在地的市直属新闻单位。

审批设立本条第一款规定的互联网新闻信息服务单位，除应当依照本条规定条件外，还应当符合国务院新闻办公室关于互联网新闻信息服务行业发展的总量、结构、布局的要求。

## 模拟练习

1. 国家对非经营性互联网信息服务实行（　　）制度。

A. 许可　　　　　　　B. 备案

C. 审批　　　　　　　D. 登记

【提示】本题考查国家有关互联网信息传播的规定。

2. 设立登载超出本单位已刊登播发的新闻信息、提供时政类电子公告服务、向公众发送时政类通信信息的互联网新闻信息服务单位，应具备的条件有（　　）。

A. 有健全的互联网新闻信息服务管理规章制度

B. 必须在最近3年内没有因违反有关互联网信息服务管

的法律、法规、规章的规定受到行政处罚

C. 有必要的场所、设备和资金，资金来源应当合法

D. 有5名以上在新闻单位从事新闻工作3年以上的专职新闻编辑人员

E. 有10名以上专职新闻编辑人员；其中在新闻单位从事新闻工作3年以上的专职新闻编辑人员不少于5名

【提示】本题考查国家有关互联网信息传播的规定。

【答案】1. B  2. ACD

## 考点九：打击非法出版活动的主要措施以及对淫秽、色情出版物的认定标准（了解）

### 《国务院办公厅关于坚决取缔非法出版活动的通知》（节选）

一、根据国家规定，未经新闻出版行政管理部门批准，任何单位和个人不得从事图书、报纸、期刊、音像及电子出版物的出版、印刷、复制和发行活动。

五、书刊跨省（自治区、直辖市）印刷，要分别到出版单位和承印单位所在地的省级新闻出版管理部门办理审批手续。对未经批准委印和承印的，要按照规定予以查处；管理部门违反规定进行审批的，要追究有关人员的责任。

十、维护出版社、期刊社的合法权益。对假冒出版社、期刊社名义出版书刊、音像制品，伪造出版单位公章、委托书、发排单等证件的行为，必须坚决打击；触犯刑律的，要依法追究刑事责任。出版社、期刊社可依法要求侵害者赔偿损失。

各级政府对取缔非法出版活动的工作要高度重视，加强领导。要采取切实有效措施，贯彻落实本通知的要求，加强管理，取得成效。要广泛动员群众参加"扫黄""打非"斗争，鼓励群众积极检举揭发"制黄""贩黄"侵权盗版及其他非法出版活动，对举报者予以保护，对有功者予以奖励。

## 《关于认定淫秽及色情出版物的暂行规定》（节选）

**第二条** 淫秽出版物是指在整体上宣扬淫秽行为，具有下列内容之一，挑动人们的性欲，足以导致普通人腐化堕落，而又没有艺术价值或者科学价值的出版物：

（一）淫亵性地具体描写性行为、性交及其心理感受；

（二）公然宣扬色情淫荡形象；

（三）淫亵性地描述或者传授性技巧；

（四）具体描写乱伦、强奸或者其他性犯罪的手段、过程或者细节，足以诱发犯罪的；

（五）具体描写少年儿童的性行为；

（六）淫亵性地具体描写同性恋的性行为或者其他性变态行为，或者具体描写与性变态有关的暴力、虐待、侮辱行为；

（七）其他令普通人不能容忍的对性行为淫亵性描写。

**第三条** 色情出版物是指在整体上不是淫秽的，但其中一部分有上述所列淫秽出版物的内容，对普通人特别是未成年人的身心健康有毒害，而缺乏艺术价值或者科学价值的出版物。

**第四条** 夹杂淫秽、色情内容而具有艺术价值的文艺作品；表现人体美的美术作品；有关人体的解剖生理知识、生育知识、疾病防治和其他有关性知识、性道德、性社会学等自然科学和社会科学作品，不属于淫秽出版物、色情出版物的范围。

## 《关于部分应取缔出版物认定标准的暂行规定》（节选）

一、夹杂淫秽内容的出版物，是指尚不能定性为淫秽、色情出版物，但具有下列内容之一，低级庸俗，妨害社会公德，缺乏艺术价值或者科学价值，公开展示或阅读会对普通人特别是青少年身心健康产生危害，甚至诱发青少年犯罪的出版物：

1. 描写性行为、性心理，着力表现生殖器官，会使青少年产生不健康意识的；

2. 宣传性开放、性自由观念的；

3. 具体描写腐化堕落行为，足以导致青少年仿效的；

4. 具体描写诱奸、通奸、淫乱、卖淫的细节的；

5. 具体描写与性行为有关的疾病，如梅毒、淋病、艾滋病等，令普通人厌恶的；

6. 其他刊载的猥亵情节，令普通人厌恶或难以容忍的。

### 典型例题

非法出版物是指（　　）等。

A. 未经批准擅自出版、印刷或者复制的出版物

B. 内部资料性出版物

C. 伪造、假冒出版单位名称出版的出版物

D. 非中国出版单位出版的出版物

E. 买卖书号、刊号、版号出版的出版物

【答案】ACE

【提示】本题考查国家有关非法出版活动的规定。

### 模拟练习

以下属于"淫秽出版物、色情出版物"范围的是（　　）。

A. 有关人体的解剖生理知识、生育知识、疾病防治的自然科学和社会科学作品

B. 表现人体美的美术作品

C. 夹杂淫秽、色情内容而具有艺术价值的文艺作品

D. 具体描写少年儿童的性行为

【答案】D

【提示】本题考查国家有关非法出版活动的规定。

## 考点十：与出版有关的保密规定的主要条款（熟悉）

### 《新闻出版保密规定》（节选）

**第三条** 新闻出版的保密工作，坚持贯彻既保守国家秘密又有利于新闻出版工作正常进行的方针。

**第五条** 新闻出版单位和提供信息的单位，应当根据国家保密法规，建立健全新闻出版保密审查制度。

**第六条** 新闻出版保密审查实行自审与送审相结合的制度。

**第九条** 被采访单位、被采访人向新闻出版单位的采编人员提供有关信息时，对其中确因工作需要而又涉及国家秘密的事项，应当事先按照有关规定的程序批准，并向采编人员申明；新闻出版单位及其采编人员对被采访单位、被采访人申明属于国家秘密的事项，不得公开报道、出版。

对涉及国家秘密但确需公开报道、出版的信息，新闻出版单位应当向有关主管部门建议解密或者采取删节、改编、隐去等保密措施，并经有关主管部门审定。

**第十九条** 新闻出版工作中因泄密问题需要对出版物停发、停办或者收缴以及由此造成的经济损失，应当按照有关主管部门的规定处理。

新闻出版单位及其采编人员和提供信息的单位及其有关人员因泄露国家秘密所获得的非法收入，应当依法没收并上缴国家财政。

### 《科学技术保密规定》（节选）

**第七条** 关系国家的安全和利益，一旦泄露会造成下列后果之一的科学技术，应当列入国家科学技术秘密范围：

（一）削弱国家的防御和治安能力；

（二）影响我国技术在国际上的先进程度；

（三）失去我国技术的独有性；
（四）影响技术的国际竞争能力；
（五）损害国家声誉、权益和对外关系。

**第八条** 国家科学技术秘密的密级

**（一）绝密级**

1. 国际领先，并且对国防建设或者经济建设具有特别重大影响的；
2. 能够导致高新技术领域突破的；
3. 能够整体反映国家防御和治安实力的。

**（二）机密级**

1. 处于国际先进水平，并且具有军事用途或者对经济建设具有重要影响的；
2. 能够局部反映国家防御和治安实力的；
3. 我国独有、不受自然条件因素制约、能体现民族特色的精华，并且社会效益或者经济效益显著的传统工艺。

**（三）秘密级**

1. 处于国际先进水平，并且与国外相比在主要技术方面具有优势，社会效益或者经济效益较大的；
2. 我国独有、受一定自然条件因素制约，并且社会效益或者经济效益很大的传统工艺。

**第九条** 有下列情形之一的，不列入国家科学技术秘密的范围：

（一）国外已经公开；
（二）在国际上无竞争能力且不涉及国家防御和治安能力；
（三）纯基础理论研究成果；
（四）在国内已经流传或者当地群众基本能够掌握的传统工艺；
（五）主要受当地气候、资源等自然条件因素制约且很难模拟其生产条件的传统工艺。

**第二十条** 各级机关、单位、社会团体及个人，在下列科学技术合作与交流活动中，不得涉及国家科学技术秘密：

（一）进行公开的科学技术讲学、进修、考察、合作研究等活动；

（二）利用广播、电影、电视以及公开发行的报刊、书籍、图文资料和声像制品进行宣传或者发表论文；

（三）进行公开的科学技术展览、技术表演等活动。

## 模拟练习

1. 按《新闻出版保密规定》，新闻出版保密审查实行（　　）相结合的制度。
   A. 内审与外审　　　　　B. 初审与终审
   C. 自审与他审　　　　　D. 自审与送审

【提示】本题考查与出版有关的保密规定的主要条款。

2. 以下不属于机密级的是（　　）。
   A. 处于国际先进水平，并且具有军事用途或者对经济建设具有重要影响的
   B. 处于国际先进水平，并且与国外相比在主要技术方面具有优势，社会效益或者经济效益较大的
   C. 我国独有、不受自然条件因素制约、能体现民族特色的精华，并且社会效益或者经济效益显著的传统工艺
   D. 能够局部反映国家防御和治安实力的

【提示】本题考查与出版有关的保密规定的主要条款。

【答案】1. D　2. B

**考点十一：《关于规范图书出版单位辞书出版业务范围的若干规定》的基本内容（掌握）**

一、辞书包括语文类辞书、专科类辞书、综合类辞书。专科类辞书根据专业分工原则，继续由相应的专业出版社出版。

语文类辞书中少数民族文字与汉语对照辞书由各民族出版社负责出版。本《规定》所调整的辞书出版业务范围是指除专科类辞书、少数民族文字与汉语对照辞书以外的辞书出版业务。

四、申请增加辞书出版业务的图书出版单位，必须具备如下条件：

（一）必须具备足够的编辑力量，原则上需成立专门的辞书编辑室，辞书编辑室的编辑人员不少于五名，其中具有高级职称的不少于一名；

（二）辞书编辑室的编辑人员，必须通过汉语、英语等相关语言学专业学习，获得本科以上学历或同等学力，参加过新闻出版总署组织的辞书出版业务培训，并通过考核，获得持证上岗资格；

（三）在图书质量方面，五年内无被省、自治区、直辖市新闻出版行政部门和新闻出版总署处罚的记录。

五、申请增加辞书出版业务的图书出版单位，应提交以下申请材料：

（一）申请书；

（二）辞书编辑人员的职业资格证书、学历证明、辞书出版业务培训证明；

（三）省、自治区、直辖市新闻出版行政部门的审核意见。

六、自本《规定》实施之日起，出版业务范围中有辞书出版业务的图书出版单位，由新闻出版总署对其进行辞书质量检查。对辞书质量不合格或所出辞书中存在抄袭、剽窃等侵犯著作权行为的出版单位，可以视其情节轻重，给予暂停其辞书出版业务两年或直接撤销其辞书出版业务的处罚。

七、本《规定》同样适用于由图书出版单位出版的与纸介质辞书配套的电子辞书、光盘辞书等。

## 模拟练习

1. 《关于规范图书出版单位辞书出版业务范围的若干规定》调整的辞书出版业务范围不包括（　　）。

A. 综合类辞书

B. 语文类辞书

C. 不含少数民族文字与汉语对照辞书的语文类辞书

D. 少数民族文字与汉语对照辞书

【提示】本题考查《关于规范图书出版单位辞书出版业务范围的若干规定》的基本内容。

2. 国内图书出版单位申请增加辞书出版业务，对辞书编辑人员的要求是（　　）。

A. 不少于五名

B. 必须获得本科以上学历或同等学力

C. 必须获得研究生以上学历

D. 其中具有高级职称的不少于一名

E. 不少于十名

【提示】本题考查《关于规范图书出版单位辞书出版业务范围的若干规定》的基本内容。

【答案】1. D　2. ABD

### 考点十二：《出版专业技术人员职业资格管理规定》和《出版专业技术人员继续教育暂行规定》的基本内容（掌握）

《出版专业技术人员职业资格管理规定》（节选）

第八条　已取得出版专业技术人员职业资格证书的人员应当在取得证书后3个月内申请职业资格登记；未能及时登记的，

在按规定参加继续教育的情况下，可以保留其5年内申请职业资格登记的资格。

**第九条** 职业资格首次登记，应提供的材料：

（一）出版专业职业资格证书原件；

（二）身份证复印件；

（三）职业资格登记申请表。

**第十条** 职业资格登记材料由申请人所在出版单位统一报送。中央在京出版单位申报材料由新闻出版总署受理，其他出版单位申报材料由所在地省、自治区、直辖市新闻出版行政部门受理。登记部门应在受理后20日内办理职业资格登记手续。

**第十一条** 职业资格登记有效期3年，每3年续展登记一次。续展登记时，由申请人所在出版单位于有效期满前30日内申请办理续展登记手续；如有特殊情况，登记有效期可适当延长，但最长不超过3个月，逾期仍不办理续展登记手续的，原登记自动失效。

职业资格登记失效后，按规定参加继续教育的，可以保留其5年内申请职业资格续展登记的资格。

已按规定办理责任编辑注册手续并取得责任编辑证书的人员，无须办理续展登记。

**第十二条** 职业资格续展登记，需提供的材料

（一）出版专业职业资格证书原件；

（二）职业资格续展登记申请表；

（三）近3年继续教育证明。

**第十三条** 已登记的出版专业技术人员变更出版单位或取得高一级职业资格的，应在3个月内按本规定第九条、第十条申请变更登记。

## 《出版专业技术人员继续教育暂行规定》（节选）

**第一条** 为推进出版专业技术人员继续教育科学化、制度

化、规范化，培养造就高素质的出版专业技术人员队伍，制定本规定。

第二条 本规定所称继续教育是对出版专业技术人员进行的以政治理论、法律法规、业务知识、技能训练和职业道德等为内容的教育活动，其目的是促进出版专业技术人员坚持正确出版方向，不断增加、补充、拓展专业知识，提高业务技能，提高创新水平和专业技术水平。

第四条 继续教育应当遵循下列基本原则：以人为本，按需施教。突出重点，提高能力。加强指导，创新机制。

（一）以人为本，按需施教。

（二）突出重点，提高能力。

（三）加强指导，创新机制。

第七条 出版专业技术人员每年参加继续教育的时间累计不少于72小时。其中，接受新闻出版总署当年规定内容的面授形式继续教育不少于24小时。其余48小时可自愿选择参加省级以上新闻出版行政部门认可的继续教育形式：

（一）参加省级以上新闻出版行政部门公布的继续教育机构组织的各类培训活动；

（二）参加省级以上新闻出版行政部门认可的全国出版专业技术职业资格考试考前培训；

（三）被省级以上新闻出版行政部门认可的其他形式，包括参加国际出版培训活动、国内专业研讨活动等。

第八条 在职自学是出版专业技术人员继续教育的重要补充。鼓励出版专业技术人员参加在职自学。在职自学时间可折合继续教育时间，省级以上新闻出版行政部门视具体情况确定折合方式。在职自学形式包括：

（一）参加普通高等院校或成人院校举办的国家承认相关专业学历、学位的教育；

（二）接受省级以上新闻出版行政部门认可的与出版业务相

关的远程教育和网上培训；

（三）省级以上新闻出版行政部门认可的其他在职自学形式。

## 典型例题

1. 凡新进入出版单位担任社长、总编辑或主编（均含副职）职务的人员，应当具备中级以上（含中级）出版专业职业资格。无中级以上出版专业职业资格者，应当在到任后的（　　）年内通过中级以上的出版专业职业资格考试。否则，不能继续担任出版单位的上述领导职务。

　　A. 一　　　　　　　　　B. 两
　　C. 三　　　　　　　　　D. 四

【答案】B

【提示】本题考查《出版专业技术人员职业资格管理规定》的基本内容。

2. 大学本科应届毕业生进入出版社从事编辑工作，对他们在职业资格方面的要求包括（　　）等。

　　A. 在参加工作后的下一个年度内，应通过初级出版专业职业资格考试

　　B. 在从事编辑工作满四年之后，需通过中级出版专业职业资格考试，并发表一篇以上有关出版工作的论文，才能获得中级出版专业职业资格

　　C. 具有中级出版专业职业资格后，才能担任责任编辑

　　D. 获得初级或中级出版专业职业资格后，每年还应参加不少于12天（或72小时）的继续教育

　　E. 获得中级出版专业职业资格后，所编辑的图书在三年内至少要有一种获奖，才能进行登记

【答案】ACD

【提示】本题考查《出版专业技术人员职业资格管理规定》的基本内容。

3. 不得申请参加出版专业职业资格考试的情形包括（　　）等。

　　A. 每年参加继续教育的时间少于12天（或72学时）
　　B. 年度考核不合格
　　C. 取得大学专科学历，从事出版专业工作不满1年
　　D. 违反出版法规受到严厉惩处
　　E. 有刑事犯罪记录

【答案】DE

【提示】本题考查《出版专业技术人员职业资格管理规定》的基本内容。

4. 出版专业职业资格证书实行定期续展登记制度，每（　　）年续展登记一次。

　　A. 1　　　　　　　　　　B. 2
　　C. 3　　　　　　　　　　D. 5

【答案】C

【提示】本题考查《出版专业技术人员职业资格管理规定》的基本内容。

## 模拟练习

1. 出版专业技术人员进行职业资格首次登记，应提供的材料有（　　）。

　　A. 身份证原件
　　B. 身份证复印件
　　C. 出版专业职业资格证书原件
　　D. 出版专业职业资格证书复印件
　　E. 职业资格登记申请表

【提示】本题考查《出版专业技术人员职业资格管理规定》的基本内容。

2. 继续教育应当遵循的基本原则不包括（　　）。

A. 以人为本，按需施教

B. 加强指导，创新机制

C. 开拓进取，锐意改革

D. 突出重点，提高能力

【提示】本题考查《出版专业技术人员继续教育暂行规定》的基本内容。

【答案】1. BCE　2. C